Kindergarten

© Tomus Verlag GmbH, München 1996
Alle Rechte der Verbreitung, auch durch Fernsehen, Funk, Film,
fotomechanische Wiedergabe, Bild- und Tonträger jeder Art,
sowie auszugsweiser Nachdruck vorbehalten.
Satz: DTP-Dompteuse
Druck und Bindung:
Sebald Sachsendruck, Plauen
1 2 3 4 5   00 99 98 97 96
Auflage   Jahr
(jeweils erste und letzte Zahl maßgeblich)

ISBN 3-8231-1037-3

Kindergarten

Ein fröhliches Wörterbuch für Erzieher
und Erzieherinnen, Eltern und
Großeltern, Kinderpfleger(innen) und
Praktikant(inn)en.

Von Dorothea Unbehend und Irene Wilbrand
mit Zeichnungen von Viviane Charrier

A

Ableger

Bezeichnung für Nachkommen. Im Gegensatz zu Ablegern im Pflanzenreich bedürfen sie intensiver Pflege durch Eltern, die deshalb ab und zu ganz froh sind, wenn sie diese Aufgabe zumindest zeitweise an ErzieherInnen delegieren können.

Affenschaukel

1. Spielgerät, das sowohl in zoologischen als auch in Kindergärten zu finden ist. Es ermöglicht kreativ ausgestaltete Balanceakte. Leider behalten nur die Vertreter der oben genannten Tiergattung über Jahre hinaus die körperliche Bewegungsfähigkeit, die zur Bedienung dieses Spielgerätes notwendig ist.
2. Bestimmte Ausgestaltungsform einer Haartracht. Die genau festgelegte Aufhängevorrichtung von geflochtenen Zöpfen muß eingehalten werden. Böse Zungen behaupten, daß diese Frisur auch von ErzieherInnen mit gewissen charakterlichen Eigenarten besonders gerne getragen wird.

Anerkennung

1. Bemühen, jede Fähigkeit eines Kindes anzunehmen und entsprechend zu würdigen.
2. Zeitspanne von einem Jahr. In diesen zwölf Monaten hat jede(r) noch auszubildende ErzieherIn die Möglichkeit, praktische Erfahrungen zu sammeln und leise Ahnungen zu entwickeln, was im späteren Berufsleben auf sie zukommt. Es ist bisher allerdings nicht erklärbar, wieso frischgebackene ErzieherInnen nach diesem Anerkennungsjahr nicht sofortige Umschulungsmaßnahmen in die Wege leiten. Dies spricht für die stabile und charakterlich gefestigte Persönlichkeit einer Erzieherin (eines Erziehers) und verdient hohe Anerkennung.
3. Mangelware auch in dieser Berufsgruppe, die nur selten und zögerlich erteilt wird. Sie ist aber zum Überleben unbedingt erforderlich.

Anorak

Unentbehrliches Kleidungsstück für Unternehmungen im Kindergarten. Wird im ersten Jahr als Mantel getragen, weil er meistens für zwei Jahre gekauft wird. Erfahrungsgemäß geht allerdings nach etwa eineinhalb Jahren der Reißverschluß kaputt.

antiautoritäre Erziehung   „Müssen wir heute wieder spielen, was **wir** wollen?"

Aufhebung   Außerkraftsetzung „bestimmter kindergartenrechtlicher Vollzugs-vorschriften, um eine Rechtsbereinigung durchzuführen, weil bestimmte Verwaltungsvorschriften entweder entbehrlich oder durch Zeitablauf gegenstandslos geworden und ersatzlos gestrichen wurden." Solche und ähnliche Formulierungen finden sich im Kindergartengesetz. ErzieherInnen sollen also nicht nur die nächste Generation unserer Gesellschaft zu ordentlichen Menschen erziehen, sie müssen sich auch noch mit Gesetzestexten, Beamtendeutsch und der Juristensprache auseinandersetzen und abfinden.

Aufsichtspflicht   Vom Gesetzgeber formulierter und definierter Begriff, der jedem Erzieher ständig im Nacken sitzt. Er muß unentwegt dafür Sorge tragen, daß seinen Pfleglingen kein Schaden zugefügt wird und diese auch von sich aus keinen anrichten. Diese Pflicht muß erfüllt werden, obwohl inzwischen hinlänglich bekannt ist, daß bereits eine Handvoll Kinder schwerer zu hüten ist als ein Sack voller Flöhe.

Ausflug   Die Kunst, vierzig bis fünfzig kleine Füßchen über einen längeren Zeitraum in **eine** Richtung zu lenken.

B

Basteln   Kreativer Umgang mit allen möglichen Materialien. Hat im Kindergarten absolute und zentrale Bedeutung, vor allem, wenn gewisse Feste bevorstehen. Von der Erzieherin wird ein schier unerschöpfliches Ideenpotential und ein kaum aushaltbarer Erfindungsreichtum erwartet. Außerdem muß sie sogar an total mißlungene Werke ihrer Schützlinge eine erkennbare Form und somit einen gewissen Schliff hinbasteln.

Bauchweh

Bauchweh

Hat im Kindergarten fast immer irgend jemand.
1. Kann bei den Kindern Ausdruck sein für: Angst, Abschiedsschmerzen, Langeweile, plötzlich aufkeimende Sehnsucht nach der Mama, Eifersucht usw. Ist oftmals Symptom für: Magen-Darm-Störungen nach hemmungslosem Konsum von Eis, Gummibärchen oder „Fritten".
2. Hat die Erzieherin dann, wenn sie morgens alleine zwei Gruppen zu betreuen hat, weil ihre Kollegin unerwartet erkrankt ist.

Bausteine

1. Bestehen eben nicht aus Stein, sondern aus Holz oder Plastik. Sie sollen das Kind zu phantasievoller Beschäftigung anregen. Werden im Kindergarten und auch zu Hause nicht selten als Wurfgeschosse eingesetzt und treiben dadurch Erzieher und Eltern zu beschleunigten Reaktionen an.
2. Im übertragenen Sinne bezogen auf die Entwicklung des Kindes: mehr oder weniger mühsames Aufeinanderbauen von Erlerntem, ohne daß alles sofort wieder ein- und zusammenbricht.

Begabung

Sie ist bei den Kindern zu erkennen und zu fördern, wobei Eltern und Erzieher bei der Beurteilung derselben durchaus unterschiedlicher Meinung sein können. Nicht jedes Trällern des Kindes deutet bereits auf eine spätere Opernkarriere hin, und nicht jeder Fettfleck ist moderne Kunst.

Beobachten

Konzentriertes Hin- und Zuschauen der ErzieherInnen, ohne sich ständig einzumischen. Bildet die Grundlage für mehr oder weniger wirksame Handlungskonzepte. Die Beobachtungsgabe von Vorschulkindern ist phänomenal, spontan und unverfälscht. Sie deckt jede vermeintliche Ungerechtigkeit von Erziehern, Eltern und Großeltern sofort und gnadenlos auf.

Beschäftigungen

Stehen im Zentrum des Kindergartenalltags. Noch ist allerdings ungeklärt, wer wen beschäftigt. Fest steht, daß ErzieherInnen die Kinder beschäftigen sollen und zwar altersgemäß. Jedoch beschäftigen die Kinder durchaus auch ErzieherInnen, Eltern und Großeltern, ohne auf das Alter zu achten. Der Träger eines

Bitte

Kindergartens beschäftigt ebenfalls die ErzieherInnen und alles weitere Personal und wird seinerseits von seiten der Aufsichtsbehörde mit manchen Vorschriften beschäftigt.

Fazit: Wer mit dem Kindergarten zu tun hat, ist immer irgendwie beschäftigt.

Betreuung	Geschieht im Kindergarten umfassend und beinhaltet u. a.: aufpassen, Schlimmes verhindern, trösten, ermuntern, verwöhnen, schlichten, mit aufs Klo gehen, anziehen usw. Ist also schlichtweg eine Rundumversorgung des Kindes. Nach Feierabend wird so manche(r) ErzieherIn ähnliches dringend brauchen.
Bewegung	Braucht jedes Kind wie die Luft zum Atmen. Ist Lebenselixier und im Kindergarten massenhaft vorhanden. ErzieherInnen werden davon nicht ausgenommen, sondern einfach mitgerissen.
Bezugsperson	Inzwischen überstrapazierter Begriff für wichtige Personen aus dem unmittelbaren sozialen Umfeld des Kindes. Möchte jeder gerne sein. Streit unter möglichen Bezugspersonen entsteht dann, wenn das Kind sich für seinen Teddybären entscheidet.
Bilder	Sind im Kindergarten wie Kunstwerke zu behandeln, da nur der Zeichner selbst die genaue Interpretation kennt. „Das ist aber häßlich, was du da malst, Daniel!" meint die vierjährige Michaela. Daniel schaut Michaela genau an und antwortet: „Michaela, das bist du!"
Bitte	Ausdruck des höflichen Fragens, hat meist ein Danke zur Folge und ist braveren Kindern bereits früh bekannt. Christian rennt laut schreiend zu seiner Erzieherin. Diese schaut ihn an und meint seufzend: „Christian, bitte!" Christian: „Danke, ich gehe ja schon!"
brav	Spätestens seit dem Einfluß der antiautoritären Erziehung sind brave Kinder als Ideal der Erziehung verpönt. Brav = überangepaßt, ohne eigenen Willen, unintelligent. Da Erziehung nach neueren Erkenntnissen kein Dressurakt sein sollte,

spricht man von „brav" nur noch bei Tieren. Allerdings wären in den meisten Kindergartengruppen wenigstens ein paar brave Kinder durchaus von Vorteil.

Brotzeit

Die Zeit, die benötigt wird, um Frühstücksbrote in Krümelberge zu verwandeln.

Bücher

Im Kindergarten vor allem in Form von Bilderbüchern heiß geliebt. Etliche ErzieherInnen haben inzwischen vom vielen Vorlesen schon Fransen an der Zunge.

Busen

Körperteil verschiedener Ausprägung und -weitung, weiblichen Wesen vorbehalten. Gewisse Ähnlichkeiten zu anderen Körperteilen kann aus Sicht von kleinen Kindern wohl nicht ausgeschlossen werden: Erzieherin beugt sich zu Christine hinunter, die Dreieinhalbjährige starrt fasziniert in den Blusenausschnitt und fragt erstaunt: „Oh – hast du da vorne **noch** einen Popo?"

C

Chance

Bietet der Kindergarten in vielerlei Hinsicht:
1. Für jedes Kind, zu wachsen und zu reifen.
2. Für die Erzieherin, ihre theoretischen Kenntnisse über Pädagogik am lebenden Objekt auszuprobieren, umzusetzen und aus diesen Erfahrungen zu lernen.
3. Für strapazierte Mütter, einige Stunden Ruhe und Frieden zu finden.

Chaos

Ungeordnetes Durcheinander, von allen Vorschulkindern geliebt, gebraucht und gerne produziert. Unvermeidbar, kann ohne Vorwarnung plötzlich ausbrechen. Einzige Überlebensstrategie für ErzieherInnen: versuchen, den Überblick zu behalten.

Christuskind

(Kurzform: Christkind) Weihnachtliche Erscheinung, die sich einmal im Jahr in das Kindergartengeschehen einmischt. Wird von den Kindern mit Sehnsucht erwartet und bereits Wochen vorher besungen, damit der Wunschzettel in Erfüllung gehen kann.

Monika: „Ich habe Ski gekriegt."
Erzieherin: „Vom Christkind?"
Monika: „Nee, von Sport Scheck!"
Für die ganz Kleinen ist es schwierig, den Namen richtig auszusprechen:
Christine: „Alle Jahre wieder kommt das Kaktuskind ..."

Clown

Tritt nicht nur im Zirkus auf. In jeder Kindergartengruppe gibt es mindestens ein Exemplar davon. Sorgt für bunte Überraschungen und kann ohne viele Worte die anderen zum Lachen bringen. Wer ihn verpaßt, hat etwas versäumt:
Franziska: „Gestern habe ich von dem Clown am Marktplatz keinen Luftballon bekommen, weil ich nicht da war."

Comics

Halten bereits im Kindergarten Einzug. Dies könnte dazu führen, daß sich Kommunikation auf Sprechblasendialoge beschränkt. Würg, krr, bumm, rülps oder krächz sollten Elemente der Babysprache bleiben.

Computer-Kids

Bereits im Vorschulalter an folgenden Merkmalen zu erkennen: viereckige Augen, hechelnde Geräusche und völlig unerwartete Luftsprünge.

D

Daumen

Favorit unter den Fingern. Wird im Kindergarten gerne und häufig als Schnullerersatz benutzt. Deutet auf Müdigkeit, Verlegenheit oder Hungergefühle hin.
Vorteil: ist angewachsen, geht nicht verloren. Nachteil: kann nicht zum Tauschen oder Ausleihen eingesetzt werden.

Dialekt

Mundart, die in Kindergärten gerne gepflegt wird. Führt allerdings zu Verständigungsschwierigkeiten, wenn Kinder oder Erzieher aus verschiedenen Regionen aufeinanderprallen. Dies gilt schon für einfache kindliche Spiele: In Bayern heißt es beispielsweise „Kastlhupf", in Berlin: „Hopse", in Saarbrücken „Hickel-

häuschen". Nachlaufen und einfangen wird in Bayern „Fang a Mandl" genannt, in Berlin „Einkriegezeck". Der Kreisel heißt in Bayern tatsächlich Kreisel, in Berlin jedoch „Triesel" und in Saarbrücken „Danzknopp".

Distanz

Gegenteil von Nähe. Hat im Kindergarten nur untergeordnete Bedeutung, weil die Kinder die Nähe brauchen und suchen. Ausnahme: wenn sie sauer, beleidigt, wütend oder trotzig sind. Die ErzieherInnen brauchen sie um so dringender, sonst besteht die Gefahr, daß sie erdrückt und aufgefressen werden.

Disziplin

Einfügen in eine vorgegebene Ordnung, Selbstbeherrschung, Konzentrationsfähigkeit. Ist ein Erziehungsziel im Kindergarten und muß deshalb von jeder Erzieherin auch in haarsträubenden Situationen neben einer gewissen Haltung bewahrt werden.

Doktorspiele

Eltern und ErzieherInnen wird es bei diesem Begriff manchmal etwas mulmig zumute. Kindergartenkinder gehen dagegen recht zwanglos und natürlich damit um: „Ich habe mir den Arm gebrochen, jetzt kann ich nichts mehr sehen!"
„Ich bin das Baby, und ich bin gerade ausgeschlüpft."
„Der Daniel und ich sind Schwestern."
„Hörst du auch richtig?" – „Ja, aber nur mit Brille."
„Wenn man den Hals abschneidet, dann kannst du sehen, wie groß der Magen ist."
„Ich möchte mal Ärztin werden, ich weiß nämlich schon, wie ein Verband geht."

doof

Umgangssprachlich für blöd. Lieblingsvokabel der Kinder bereits im Kindergarten, oft verbunden mit wehrhaften Handlungen und anderen Kraftausdrücken.

Domino

Weiße Punkte auf schwarzen Holzteilchen. Regen die rechnerischen Fähigkeiten der Vorschulkinder an, werden aber auch als Bausteine benutzt mit allen unter dem Stichwort „Bausteine" beschriebenen, Konsequenzen.

Dornröschen	1. Märchengestalt, wird in Liedern besungen und von Kindern im Kindergarten gerne gespielt. Die Rollenaufteilung führt oft zu Streitigkeiten, weil jeder Dornröschen sein möchte und keiner als Prinz sich von der Dornenhecke zerkratzen lassen will. 2. Kindergartenkinder, die viel träumen und so sehr in sich selbst ruhen, daß sie wie Dornröschen von der Erzieherin ab und zu wachgeküßt werden müssen.
Dosen	1. In Verbindung mit der Vorsilbe „Steck" können sie für kleine Kinder gefährlich werden und müssen deshalb im Kindergarten gesichert werden. 2. Beliebtes Spielzeug, vor allem dann, wenn sie mit cremeähnlichen Stoffen gefüllt sind.
Drehen	1. Element eines Tanzes. Besteht aus kreisförmigen Bewegungen um sich selbst. ErzieherInnen entwickeln dabei schnell Schwindelgefühle, während die Kinder fest auf den Beinen bleiben. 2. Feinmotorische Übung. Meistens erwischen die Kinder dafür die falschen Gegenstände (Dosen, Flaschen) und entdecken zu allem Überfluß auch noch schneller als die ErzieherInnen oder Eltern die Richtung „Auf" (siehe auch „Zulassen").
Dreijährige	Dreikäsehochs, die soeben dem Kleinkindalter entronnen sind. Das Eintrittsalter für den Kindergarten ist erreicht. Mindeststandards: alleine laufen und essen können, Grundwortschatz, windelfrei.
Dreirad	Vorläufer des Zweirads mit Stützrädern. Beliebtes Verkehrsmittel im Außengelände von Kindergärten, wird mit Höchstgeschwindigkeit („Affenzahn") gesteuert und setzt deshalb schon wieder die eine oder andere Erzieherin schleunigst in Bewegung.
Durchhalten	Ist für die ErzieherInnen oft mit „auf die Zähne beißen" verbunden. Deshalb sollte jede(r) ErzieherIn regelmäßig zum Zahnarzt gehen.

Dreirad

E

Ei	1. Das Gelbe vom Ei ist – für die Kinder: **die** Erzieherin, die alles mitmacht, viel Spaß versteht, immer gut gelaunt ist, Nerven wie Drahtseile hat und beweglich ist wie ein Gummiball. – für die ErzieherInnen, wenn kurz vor Feierabend alle Kinder glücklich erschöpft sind und auch tatsächlich abgeholt werden. 2. Frühstückspause im Kindergarten: Anne schält ihr hartgekochtes Ei. Jammernd stellt sie dabei fest, daß sie den „Doktor" nicht mag. Die Erzieherin denkt angestrengt nach, was sie damit wohl sagen möchte. Daniela erklärt: „Sie meint doch den Dotter!"
Eifersucht	Bekanntermaßen handelt es sich um eine Sucht, die mit Eifer sucht, was Leiden schafft. Dies gilt auch für Kindergartenkinder, wenn ihnen ein jüngeres Geschwisterchen beschert wird. Deshalb achten die ErzieherInnen auf diese Kinder besonders. Die Erzieherin beobachtet Alexander schon einige Tage. Seit der Geburt seines Bruders wirkt er sehr in sich zurückgezogen. Sie fragt ihn liebevoll: „Sag mal, fühlst du dich manchmal einsam?" Alexander nickt: „Ja, – besonders auf dem Klo!"
Eigensinn	Zeigt sich in ausgeprägten, sehr individuell gestalteten Willensäußerungen. Dürfen im Kindergarten **nur** die Kinder haben, die ErzieherInnen weniger.
Eignungsanforderung	Ist im Eignungsprofil festgelegt. Demnach muß ein(e) ErzieherIn folgende Kriterien erfüllen: Geduld wie ein Engel, die Unterschütterlichkeit eines Mulis, die Kreativität berühmter Künstler, die Intelligenz eines Einstein, die Phantasie wie in Tausendundeiner Nacht und die Fähigkeit, Kinder, Eltern, Träger- und Aufsichtsbehörde gleichermaßen zu begeistern. Manchmal liegen zum Glück ganze Welten zwischen Anspruch und Wirklichkeit oder Theorie und Praxis.

Eisenbahn	Bekommen die Söhne zu Weihnachten geschenkt, damit die Väter endlich was zum Spielen haben. So kam es wohl zu folgendem Dialog im Kindergarten zwischen einem vierjährigen Mädchen und einem viereinhalbjährigen Jungen: Mädchen: „Heiratest du mich?" Junge: „Nur, wenn du die Eisenbahn von deinem Bruder mitbringst!"
Elementarbereich	Der Kindergarten ist ein Teil des Elementarbereichs. Vielleicht kommt dies daher, weil im Kindergarten die verschiedensten Elemente ihren Spielraum finden.
Eltern	Sorgen für Nachschub im Kindergarten. Ihre Ableger können unterschiedlichster Art sein und eine echte Herausforderung für jede(n) ErzieherIn darstellen.
Elternabend	Dient nicht in erster Linie der Geselligkeit, deswegen fehlen Sekt, Bier und kaltes Buffet. Soll Forum sein für Anregungen, Austausch, Kritik und Mitarbeit. Meistens verläuft er aber anders, als von den ErzieherInnen geplant.
Elternbeirat	Laut Kindergartengesetz bilden gewählte Elternvertreter den Elternbeirat. Der Schlüssel für die Anzahl der zu wählenden Vertreter ist festgelegt: „Gewählt werden für je angefangene zwanzig Kinder eines Kindergartens ein Elternvertreter ..." Leider definiert der Gesetzestext nicht, was ein angefangenes Kind ist. Der Elternbeirat darf sich jederzeit treffen, beschließen darf er allerdings nichts.
Emotion	Gefühlsregung, wird von Kindern oft leidenschaftlich und hemmungslos ausgelebt. Die Erzieherin sollte eigene Emotionen im Zaum halten und die der Kinder in etwas erträglichere Bahnen lenken. Dafür kann sie auf den einen oder anderen Besuch von Theatervorstellungen verzichten, sie hat vom Drama bis zur Komödie alles frei Haus.

Entwicklung	Der Kindergarten unterstützt die Entfaltung der Kinder und hat den Auftrag, für eine gute Entwicklung zu sorgen. Das Ergebnis läßt allerdings manchmal zu wünschen übrig, was nicht immer nur an den ErzieherInnen liegen muß.
Erholung	Worin liegt der Unterschied zwischen der Erholung der Kinder und der der ErzieherInnen? Die Kinder erholen sich im Kindergarten, die ErzieherInnen zu Hause.
Erlaß	Regelt von höchster Ebene aus u. a. die Zusammenarbeit des Kindergartens mit den Gesundheitsbehörden. Aus diesem Grunde trafen sich Vertreter der Staatsministerien für Arbeit und Sozialordnung, Familie, Frauen und Gesundheit, sowie für Unterricht, Kultus, Wissenschaft und Kunst zu einer mehrstündigen Besprechung. Kernaussage und Ergebnis dieser Konferenz: „Seifenspender sind empfehlenswert!"
Erzieher, männliche	Selten, aber manchmal doch vorhanden. Unterscheiden sich hauptsächlich durch ein wesentliches Merkmal von ihren Kolleginnen. Sind bei Jungen, aber noch mehr bei den kleinen Kindergartenevas beliebt. Müssen als Vaterersatz herhalten und sind Versuchsobjekte für erste Flirtversuche.
Erziehung	Gezielte Vorbereitung der lieben Kleinen auf das spätere Leben. Neben den Eltern übernimmt hier der Kindergarten eine wichtige Funktion. Wer nun gut oder schlecht erzogen ist, wissen immer die Nachbarn am allerbesten. Daniel (4) zu seiner Schwester (3): „Hör auf, hier herumzuschreien, sonst meinen die Leute, du wärst nicht erzogen!"
Erziehung, bilinguale-bikulturelle	Geschieht meistens nach dem bilingualen-bikulturellen Konzept des Staatsinstituts für Frühpädagogik und ist der Fachbegriff für einen Modellversuch. Dahinter verbirgt sich nicht die Aufstellung eines Rahmenplanes, gegründet auf besonderen wissenschaftlichen Erkenntnissen, um aus den Kindern kleine Einsteins zu machen. Es handelt sich schlicht und ergreifend um die Bemühungen, ausländische Kinder in deutsche Kindergärten zu integrieren.

F

Fachkräfte	Sind in Kindergärten entweder pädagogische Fachkräfte oder weitere pädagogische Kräfte. Wer zu welcher Art von Kraft gehört, regelt der Gesetzgeber, der sich hoffentlich darüber im klaren ist, daß das Zusammenspiel unterschiedlicher Kräfte nur dann funktionieren kann, wenn Schwerpunkte gesetzt werden und ein Kräftegleichgewicht hergestellt wird.
Fahrrad	Fortbewegungsmittel. Der Umgang damit wird im Vorschulalter erlernt, wobei die Kinder viel Ehrgeiz entwickeln. Die Eltern werden in den Lernprozeß miteinbezogen. Katharina berichtet stolz im Kindergarten: „Wenn Papa mich hält, kann ich schon alleine fahren!"
Familie	Das Nest des Kindes. Der Kindergarten soll die Erfahrungswelt des Kindes ergänzen und bereichern. Familie und Kindergarten bilden für das Kind eine Einheit. Dies führt dazu, daß die ErzieherInnen durch die Berichte der Kinder manchmal recht erstaunliche Einblicke in die Intimsphäre der Familie erhalten.
Fasching	Entspricht im wesentlichen dem Kindergartenalltag, wird lediglich verändert durch das Tragen von Kostümen. Manchmal jedoch problematisch: Jan: „Ich kann doch als Prinz nicht so rumschwitzen!"
Feste	Wichtiger Bestandteil des Kindergartenjahres. Um Feste feiern zu können, müssen die ErzieherInnen erst einmal feste arbeiten (Geschenke basteln, Programm planen, Dekorationen herstellen, Gedichte, Lieder etc. mit den Kindern einüben).
Flöte	Musikinstrument, das aus einem Holzrohr mit Löchern besteht. Nur mit zielsicheren Griffen lassen sich angenehme Töne hervorrufen. Kindergartenkinder greifen jedoch noch häufig daneben, und entschließen sich deshalb dazu, ihre Flöte lieber als Schlaginstrument zu benutzen.

Fachkräfte

Fröhlichkeit

Förderung	Ist immer gut, vor allem wenn sie mit einer **Be**förderung verbunden ist. Allerdings wirft dieser Begriff die eine oder andere Frage auf: Wer oder was wird im Kindergarten durch wen oder wie gefördert? Was fördert manches Kind zutage? Wer befördert wen wohin? Fazit: Das Ende der Förderung ist nicht absehbar.
Forschen	Jedes Kindergartenkind ist von Natur aus ein Forscher und Erfinder. Zum Leidwesen von Eltern und ErzieherInnen konzentriert sich der Forschungsdrang oft auf ungeeignete Objekte. Hier entwickelt sich ein Durchhaltevermögen und eine Wißbegierigkeit, die sich manche(r) ErzieherIn an anderer Stelle wünschen würde.
Fortbildung	Damit die Erzieherin auch mal wieder zum Forschen kommt, sollte sie mindestens einmal im Jahr an einer Fortbildung teilnehmen.
Freispiel	Unverzichtbarer Bestandteil des pädagogischen Konzeptes im Kindergarten. Dient zur Entfaltung der kindlichen Eigeninitiative, weil die Kinder ihre Beschäftigung selbst wählen. Manche Kinder sind so initiativ, daß sich die ErzieherInnen in einem Zustand höchster Alarm- und Sprungbereitschaft befinden. Chance für alle ErzieherInnen, ihre Beweglichkeit ständig neu zu überprüfen.
Freude	Kann bei Kindern nicht leise sei. Deshalb sollten sich alle Anwohner von Kindergärten über jeden Kinderlärm freuen.
Fröhlichkeit	Ausdruck von Lebensfreude, vermittelt Schwung und Elan im Alltag. Vorschulkinder strahlen sie aus und machen deshalb die Arbeit mit ihnen liebenswert und reich. Ihre Fröhlichkeit ist ansteckend, sie schaffen es immer wieder, jeder noch so erschöpften Erzieherin ein Lächeln zu entlocken.
Früchte	1. Ergebnis intensiver pädagogischer Arbeit. 2. An „Früchtchen" jedoch beißt sich jede(r) ErzieherIn die Zähne aus.
Frühling	1. Inbegriff für Aufwachen, Aufgehen und Aufblühen: Spiele werden wieder nach draußen verlegt, und das fröhliche Treiben

Geburtstag

der Kleinen reißt jedes menschliche Wesen aus dem Winterschlaf heraus.

2. Jahreszeit, die in keinem Rahmenplan eines Kindergartens fehlen darf. Schließlich soll auch der Kindergarten jede zarte Kinderseele zum Auf- und Erblühen bringen.

G

Ganzheitliche elementare Bildung	Pädagogische Forderung für die Erziehung im Kindergarten. Von Theoretikern feinsinnig ersonnen, die Umsetzung wird wohlweislich anderen überlassen.
Gebühren	Was hat ein Pkw-Stellplatz mit einem Kindergarten gemeinsam? – Die Gebühren!
Geburtstag	Wird im Kindergarten groß gefeiert und liebevoll ausgestaltet, weil in diesem Alter jedes neue Lebensjahr noch freudig begrüßt wird. Die Anzahl der Lebensjahre wird von den Kindern stolz mit den Fingern aufgezeigt. Das Sortieren der Finger bereitet allerdings öfter mal Schwierigkeiten, weil nur eine bestimmte Anzahl hochgestreckt werden darf, die restlichen Finger aber unten bleiben müssen.
Gehalt	Finanzielle Entschädigung. Verhält sich bei ErzieherInnen genau umgekehrt proportional zu den Anforderungen. Dieser Beruf bleibt somit Idealisten vorbehalten.
Geschenke	Haben grundsätzlich einen hohen Stellenwert im Kindergarten. Sie verschönern jeden Geburtstag, Muttertag und sonstige Höhepunkte des Jahres. Damit die ErzieherInnen auch mal etwas geschenkt bekommen, ist dieses Buch entstanden.
Gesetze	Regeln in unserer Gesellschaft schlichtweg alles. Bilden u. a. auch die Grundlage für das Kindergartenleben. Zum Glück haben die Kinder ihre eigenen Gesetze. So mancher Politiker könnte von ihnen lernen.

Gesundheit

Wichtigstes Gut des Menschen. Deshalb wacht das Gesundheitsamt bereits im Kindergarten darüber. Vorsorgeuntersuchungen werden durchgeführt. Meistens verhalten sich die Kinder dabei nicht erwartungsgemäß. Dies führt gelegentlich zu Fehldiagnosen. Die angebliche Taubheit oder Sprachunfähigkeit verschwindet schlagartig, sobald der Arzt den Raum verläßt.

gewinnen

1. Angestrebtes Ziel bei Spiel und Sport im Kindergarten. Das Verlieren muß meistens mühsam erlernt werden. Manche lernen es nie.
2. Die Erzieherin muß die Kinderherzen für sich gewinnen, darf sie aber nicht behalten.

Giftzwerg

Kaum zu glauben, aber wahr: Es gibt sie auch in Kindergärten. Achtung: nicht zu verwechseln mit Gartenzwergen. Letztere sind in der Handhabung und Pflege wesentlich einfacher.

Grippe

Periodisch auftretender Infekt, welcher im Kindergarten reihenweise seine Opfer findet. Wenn einer niest, husten alle.

Großmutter

(Kurzform: Oma) Beliebte Bezugsperson im Kindergartenalter.
1. Ihre Geduld und somit ihr Durchhaltevermögen scheinen enorm zu sein:
Jörgen: „Die Oma hat mir gestern zwei Stunden lang vorgelesen! Das war schön!"
Erzieherin, seufzend: „Ach – die arme Oma!"
Jörgen: „Wieso? Sie hat's ganz gut ausgehalten!"
2. Eine gewisse Zähigkeit zeichnet sie aus:
Markus: „Meine Oma ist schon über 35 Jahre alt und lebt immer noch!"
3. Sie wachsen im Garten:
Kristina: „Wir haben Großmütterchen im Garten." (Sie meint natürlich Stiefmütterchen!)

Gruppe

Zentraler Platz für das Geschehen im Kindergarten. Die Anzahl der Gruppen entscheidet über die Gesamtgröße des Kindergartens. Klare Abgrenzung zwischen den einzelnen Gruppen ge-

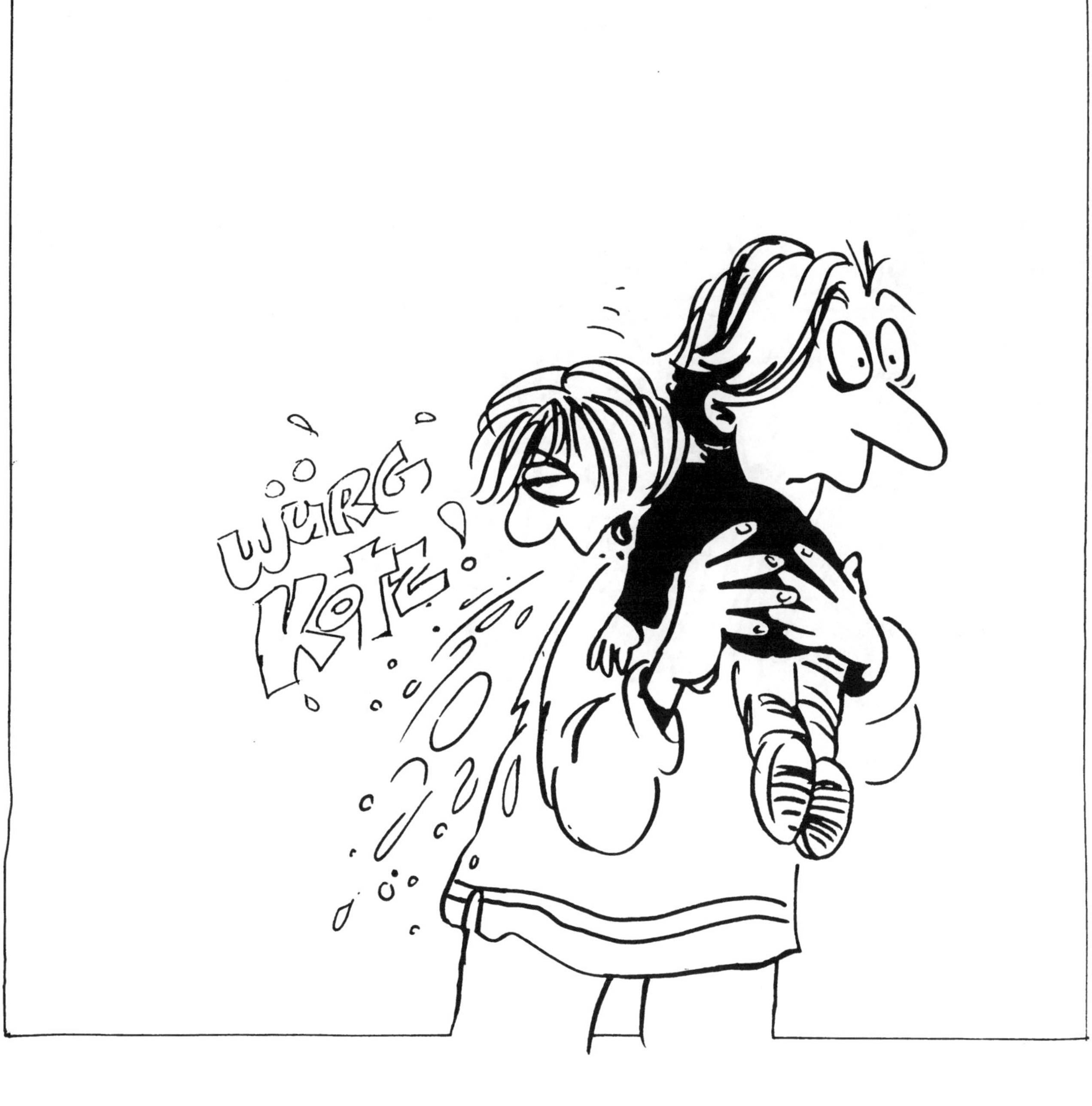
WURG
KOTZ

Haken

schieht durch manchmal recht phantasievolle Namen. Nach Durchsicht vieler bekannter Gruppennamen wird „Wawuschel" als besonders geeignet empfunden, da diese Bezeichnung das quirlige Leben in einer Kindergartengruppe ziemlich genau trifft.

Gruppenleitung

Andere Bezeichnung für das, was ein(e) ErzieherIn den ganzen Tag zu tun hat.
1. Kinder anleiten, aber nicht verleiten.
2. Von einer Beschäftigung zur nächsten geschickt überleiten.
3. An einer langen Leine leiten, aber keine lange Leitung haben.

Gruppenstärke

Ist gesetzlich festgelegt und darf fünfundzwanzig Ableger nicht überschreiten. Daher melden manche Eltern ihre Kinder bereits vor der Geburt an, um auf jeden Fall einen Platz zu bekommen.

H

Haare

Laut einer bekannten Redensart wachsen sie angeblich auch auf Zähnen. Trotz sorgfältiger Überprüfung ist es bisher nicht gelungen herauszufinden, wer im Kindergarten davon die meisten hat.

Haken

Dient zum Aufhängen von Kleidungsstücken. Im Kindergarten hat jedes Kind seinen eigenen Haken, meistens mit einem Bild oder einem Symbol geschmückt. Sobald jedoch ein fremdes Kleidungsstück an einem solchen Haken hängt, bekommt die ganze Sache einen Haken.

Halsschmerzen

Gängiges Leiden im Kindergarten, oft mit Husten verbunden. Sorgt in verregneten Jahreszeiten innerhalb kürzester Zeit für drastische Reduzierungen der Gruppenstärke.

Hand

1. Körperteil, geeignet zur Durchführung zahlreicher Aktivitäten, welche u. a. auch Handarbeiten genannt werden.
2. Eltern geben ihre Kinder aus ihrer Hand in die Hand der ErzieherInnen, in der Hoffnung, künftig Hand in Hand zum Wohl der Kinder miteinander zu arbeiten.

3. In jeder Kindergartengruppe gibt es viele Hände. Deshalb hat die Erzieherin alle Hände voll zu tun und immer eine zuwenig.

Heilen

Zeit heilt Wunden, so meint zumindest ein altes Sprichwort. Im Kindergarten ist dafür nicht die Zeit, sondern die Erzieherin zuständig. Sie heilt kleinere Verletzungen, indem sie auf altbewährte Weise den Schmerz wegbläst, größere mit Pflaster, Draufblasen und dem Singen des Liedes: „Heile heile Gänschen ...“

Heiraten

Die Tendenz dazu ist in unserer Gesellschaft eher rückläufig, im Kindergarten jedoch nach wie vor aktuell:
Susanne (4): „Jörgen, wenn ich dich heirate, kriege ich deinen Namen!“
Jörgen (4½ und brummig): „Wenn du mich noch mal beißt, heirate ich dich überhaupt nicht!“
Stefanie (4) in Uwes Gegenwart zur Erzieherin: „Ich heirate den da, aber erst muß der tanzen lernen, der wirft mich immer um. Dann kriegen wir ‚Zwingille‘ (= Zwillinge), und dann sind wir beschäftigt, gell Uwe?“
Uwe: „Hm“.

Herbst

Jahreszeit, deren Kennzeichen fallende Blätter sind. Im Kindergarten werden diese gesammelt, gepreßt und aufgeklebt. Die fallenden Blätter kommen den ErzieherInnen entgegen, sonst müßten sie auch noch auf Bäume klettern – aber das würden sie gewiß auch noch schaffen!

Herz

Organ, das unermüdlich für die Blutversorgung im Körper schlägt.
1. Das Herz der Erzieherin schlägt unermüdlich für die Kinder, und deshalb fliegen ihr alle Kinderherzen zu.
2. Wird im Kindergarten oft gemalt und ausgeschnitten.
Sabine (4): „Ausschneiden von Herzen ist nicht so schwer. Man merkt nicht, wenn man zuviel wegschneidet ...“

heute

Abstrakter, frei erfundener Begriff für den jeweils angebrochenen Tag. Kann von Kindergartenkindern nachvollzogen werden.

Ebenso die Tage, die in der nächsten Zukunft liegen. Sie werden nach der Anzahl des „Noch-schlafen-Müssens" mit den Fingern vorgezählt. Zählprobleme tauchen dagegen bei dem Begriff „übermorgen" auf, und Schwierigkeiten bereiten die Tage der Vergangenheit.

„Wo warst du ganz gestern?" fragt Florian seine Erzieherin und versucht damit, den Begriff „vorgestern" für sich in die Reihe möglicher Tage einzuordnen.

Hexe

Grausame Gestalt in Märchen, verkörpert das Böse und erleidet meistens ein schreckliches Ende. Vorschulkinder fürchten sie, möchten sie aber auch nicht missen. Es ist nämlich so wonnig gruselig, inmitten der Geborgenheit einer Kindergartengruppe einer Hexe aus dem Märchenbuch zu begegnen. Auch für ErzieherInnen wäre es angebracht, hexen zu können (ohne gleich Hexen zu sein), da sie oft mindestens zehn Dinge auf einmal erledigen müssen.

Hose

(Beinkleid mit Tücken) Im Kindergarten geht nämlich so einiges in die Hose, sowohl im wahrsten als auch im übertragenen Sinne.

Hospitation

Hat nichts mit Hospital, Hospitalismus oder Hospiz zu tun, sondern bedeutet das „Hineinschnuppern" von Praktikanten in den Kindergartenalltag. Ziel: Abbau von Illusionen und Hinführung zur beruflichen Realität.

Hummel

Nützliches Insekt und Sinnbild für ständiges, unüberhörbares Herumschwirren.

Christine: „Ich bin ein Zoo!"

„Wie bitte?" fragt ihre Erzieherin erstaunt zurück.

„Meine Mama hat gesagt, ich hab' Hummeln im Hintern und Flöhe im Hirn!" ruft die fast Sechsjährige und hummelt davon.

Hut

Kopfbedeckung, die es in unterschiedlichen Ausführungen gibt. Muß nicht immer rund sein, spätestens seit Entstehen des entsprechenden Kinderliedes weiß jeder, daß er auch drei Ecken haben kann. Wird von Kindergartenkindern geliebt und bei Rollenspie-

individuell

len gerne getragen. Größe, Form und Farbe spielen keine Rolle. Kinder fühlen sich halt gut behütet am wohlsten.

hygienische Erziehung   Hat nichts mit einer sauberen Erziehung oder Sauberkeitserziehung zu tun, sondern bezieht sich laut Kindergartengesetz u. a. auf die Verhütung übertragbarer Krankheiten. Diese Verhütung besteht in einigen Bundesländern darin, fremden Personen den Zutritt zum Kindergarten nicht zu gestatten.

I

Ich   Im Kindergartenalter entdecken die Kinder, daß sie nicht mehr ein Anhängsel ihrer Mama sind, sondern eine eigenständige Person. Dies geschieht in der Phase der „Ich-Findung". Es handelt sich dabei um einen erfreulichen Fortschritt in der Entwicklung des Kindes. Allerdings finden sie in dieser Zeit auch noch andere Dinge heraus, die für Eltern und ErzieherInnen nicht immer erfreulich sind (siehe Trotzphase!).

Ideenpotential   Wird von ErzieherInnen durch Aus- und Fortbildung mühevoll erarbeitet. Die Kinder haben dies nicht nötig. Sie kommen von ganz alleine auf die verrücktesten Ideen, und zwar völlig mühelos.

igitt   (Kurzform: Iiihhh) Ausruf des Abscheus, der sich sowohl auf ungeliebte Speisen als auch auf Spinnen oder Mäuse beziehen kann. Ist im Kindergarten des öfteren zu hören.

individuell   Ist natürlich jedes Kind, da es einmalig und unverwechselbar ist. Die Kunst der Erzieherin besteht darin, jede Wesensart zu erfassen, den individuellen Entwicklungsstand zu erkennen und die individuelle Förderung daran festzumachen. Ansonsten geht letztgenannte daneben, was zur Überforderung von Eltern, ErzieherInnen und Kindern führen könnte.

Information   (Kurzform: Info) Ist wichtig, sollte vollständig sein, und besonders erfreulich ist es, wenn sie stimmt. Die Erzieherin erhält von

allen Seiten Infos: Sie wird vom Träger über neue Sparmaßnahmen informiert, von den Eltern über die Unzulänglichkeiten ihres pädagogischen Handelns und von Fachzeitschriften über die neuesten Erkenntnisse aus Pädagogik, Psychologie usw. Die spannendsten Infos erhält sie jedoch am Montagmorgen von den Kindern.

Inhalt	Alles, was irgendwo drinnen ist oder womit etwas gefüllt ist. Inhalte der Arbeit im Kindergarten sind festgemacht an pädagogischen Zielen und erstrecken sich auf die Erziehung z. B. im sozialen, kreativen, motorischen oder kognitiven Bereich kindlicher Entwicklung. Daraus folgt: Der Kindergartenalltag ist wohlangefüllt mit Arbeit und beinhaltet jede Menge spielerisches Lernen.
Integration	Eingliederung neuer Kinder in eine bestehende Gruppe. Die Erzieherin hat die Aufgabe, alle – sowohl alte als auch neue – Ableger unter einen Hut zu bringen.
Intelligenz	Das, wovon jeder glaubt, es zu besitzen. Viele Kinder haben sie bereits von Natur aus, zur Freude von Eltern und ErzieherInnen. Die pädagogische Arbeit trägt dann reiche Früchte. Unangenehm sind allerdings kleine „Intelligenzbestien". Sie wissen immer alles besser und halten sich für klüger als der gesamte Kindergarten zusammen.
Irreversibilität	Fachbegriff aus dem Kindergartengesetz: „Die Strukturen des kognitiven und sozialen Verhaltens treten in einer nicht umkehrbaren Aufeinanderfolge in Erscheinung. Die Abfolge vollzieht sich in jeder Entwicklung in derselben Reihenfolge, jedoch keineswegs im selben Tempo." Einzig verständliches Wort ist hier wohl „Tempo".

J

Ja

Zustimmung. Jede(r) ErzieherIn muß ein „Ja" zu den Kindern finden, selbst wenn diese dauernd „nein" schreien.

Jacke

Kleidungsstück, das vor unwirtlichen Wettereinflüssen schützen soll. Kindergartenkindern ist das Wetter ziemlich egal, deshalb legen sie keinen gesteigerten Wert auf Jacken.

Jahr

Zeiteinheit, bestehend aus zwölf Monaten. Das Kindergartenjahr beinhaltet zur Freude der ErzieherInnen und zum Leidwesen der Eltern auch Ferienzeiten.

Jahresbericht

Soll beinhalten: Darstellung der Erziehungs- und Bildungsarbeit, Stellungnahme des Elternbeirates und besondere Vorkommnisse. Letztere geschehen ständig, deshalb fällt die Auswahl schwer und stimmt nicht immer mit der Bewertung durch die Kinder überein.

Jammer

Ausdruck tiefer Traurigkeit. Der Anlaß dazu kann aus der Perspektive von Erwachsenen banal sein, wenn aber Vorschulkinder leiden, dann leiden sie intensiv. Katzenjammer als Folge einer durchzechten Nacht bleibt ihnen jedoch glücklicherweise erspart.

Jeans

Werden von allen Altersgruppen getragen. Wofür Teens viel Zeit und Sorgfalt aufwenden, das gelingt Kindergartenkindern ganz nebenbei: die Jeans zu durchlöchern und zu zerreißen.

Joghurt

Ideales Pausenfrühstück im Kindergarten, das ernährungsbewußte Eltern beruhigt. Für Vorschulkinder mehr als ein Nahrungsmittel. Spendet Energie, die sofort in kreatives Tun mit demselben umgesetzt wird.

Jo-Jo

Spielgegenstand und damit Sinnbild für den Bewegungsablauf im Kindergarten: hoch und runter, auf und nieder – immer wieder.

Jugendzahnpflege

Die Zähne von Vorschulkindern sind besonders wichtig. Schließlich werden diese sich im Laufe ihres Lebens an manchen Proble-

Jo-Jo

Kakao

men dieselben ausbeißen. Deshalb gibt es bereits im Kindergarten ein spezielles Jugendzahnpflegeprogramm, bezogen auf die zahnmedizinische Gruppenprophylaxe.

Juwel

(Kostbarer Edelstein.) Der Kindergarten ist voller „Edel"-Steinchen:
1. Sie liegen draußen im Garten und verfangen sich des öfteren in Schuhen, Hosentaschen und sonstigen Ecken.
2. Auch jedes Kind ist ein Edelstein, deshalb ist der Kindergarten eine Schatztruhe.

K

Kakao

Beliebtes Getränk zum Kindergartenfrühstück, das deutliche Spuren im Gesicht, auf Kleidungsstücken und Mobiliar hinterläßt.

Kasperle

Handpuppe mit Kopf aus Pappmaché oder Holz. Besonderes Kennzeichen: lange, nach unten gebogene Nase. Als zentrale Figur im Kasperltheater ist er zuständig für die Verfolgung von Räubern und sonstigen Bösewichten, Rettung von Prinzessinnen und Bekämpfung von wilden Drachen. Reißt Kindergartenkinder zu wahren Begeisterungsstürmen hin, und was er sagt, wird sofort getan. Davon kann manche(r) ErzieherIn nur träumen.

Kaufladen

Einrichtungsgegenstand, welcher in vielen Kindergärten zu finden ist und den Kindern auf spielerische Art das Handeltreiben ermöglicht. Angehende Manager, Finanzberater, Börsenmakler oder möglicherweise sogar auch Heiratsschwindler sind an der Ausübung dieser Spielform sofort zu erkennen. Beispiel: Kleiner Junge steht hinter der Kaufladentheke und schaut sehnsüchtig auf das Stückchen Schokolade in der Hand eines reizenden kleinen Mädchens. Er macht ihr folgenden Vorschlag: „Wir tauschen. Du gibst mir deine Schokolade, und ich gebe dir dafür nichts!"

Kaugummi

Wird bereits von Kindergartenkindern gekaut und klebt zur Freude der ErzieherInnen überall dort, wo er nicht hingehört.

Kindergarten	Ein Garten, in welchem wertvolle und zarte Pflänzchen wachsen, die besonderer Pflege bedürfen. Diese Pflege ist eine Investition in die Zukunft und hat somit einen hohen Stellenwert. Aus diesem Grunde ist dem Kindergarten dieses Buch gewidmet.
Kinderladen	Vor vielen Jahren eine Sonderform des Kindergartens, wobei in einer besonderen konzeptionellen Ausprägung Erkenntnisse aus dem antiautoritären Erziehungsstil in die Praxis umgesetzt wurden. Inzwischen überholt und nahezu ausgestorben, weil immer mehr Erwachsene zu der Überzeugung kamen, daß die meisten Kinderläden eher einem Sauladen glichen und somit den Bedürfnissen menschlicher Ableger nicht gerecht wurden.
Kleber	Wichtiges Utensil zum Basteln, erhältlich als Stift, in der Flasche oder in großen Mengen im Eimer. In letztgenannter Form wird er von Kindergartenkindern besonders geliebt. Sie gehen damit gerne großzügig um. Am Ende ist der Kleber aus dem Eimer und die Begeisterung der ErzieherInnen im Eimer.
kognitiv	Bedeutet wissen, erkennen und durch Erfahrung lernen. Wird dieser Entwicklungsbereich in der Erziehung überbetont, führt dies bereits im Kindergartenalter zu einer Kopflastigkeit. Ist nicht erstrebenswert, da der menschliche Kopf nämlich oben bleiben und keine Last sein sollte.
Kommunikation	Läuft unter Kindergartenkindern auf verschiedenen Ebenen ab. Sie benutzen Gestik, Mimik und ihre eigene Sprache, die von Erwachsenen selten verstanden wird. Unterschiedliche Nationalitäten sind im Kindergarten meistens kein Problem, weil alle Kinder dieser Erde in ihrer eigenen Welt leben. Kreativität kennt keine Grenzen, und irgendwann machen alle Kinder den gleichen Unsinn.
Konsum	Hat etwas mit Kaufen zu tun. Bei Kindern entsteht mitunter der Eindruck, daß man alles käuflich erwerben kann. Marian berichtet stolz im Kindergarten: „Meine Mama kauft mir heute Taschengeld!"

Kopflausbefall	Pediculosis capitis ist eine durch Kopfläuse hervorgerufene parasitäre Erkrankung des Menschen. Die Läuse verursachen durch Stich mit ihrem Stechsaugrüssel ... einen lästigen Juckreiz, ... welcher mit Kratzen beantwortet wird ... (auszugsweise entnommen aus dem Kindergartengesetz eines Bundeslandes). Läuse im Kindergarten sorgen nicht nur für Panik bei Eltern und ErzieherInnen, sondern auch für unerwartet freie Tage („läusefrei").
Kreativität	Kindergartenkinder verfügen über ein schier unerschöpfliches Potential an Kreativität. Sie haben keine Angst vor Kritik und drücken ihre Phantasie begeistert aus. Da werden Regenwürmer zu Drachen, Sofakissen zu Puppen, Steine zu Piratenschiffen und Regentropfen zu Engelstränen. Manchen – beneidenswerten – Kindern gelingt es, sich diese Kreativität ein Leben lang zu bewahren.
Kreisspiel	Klassische Beschäftigung im Kindergarten, die in vielen Variationen gespielt und ständig wiederholt wird, aber trotzdem immer wieder Spaß macht. Die Musikalität der ErzieherInnen spielt dabei keine Rolle, die dazugehörigen Lieder können gepfiffen, gesummt oder gebrummt werden.
Kuscheln	Sollte nicht nur Mäusen vorbehalten bleiben, schließlich brauchen alle Kindergartenkinder Wärme, Zärtlichkeit und Geborgenheit. Sogar die rüpelhaftesten Lausebengels werden manchmal zu kleinen Kindergartenmäusen.

L

Lachen	Ausdruck der Freude. Ist im Kindergarten oft zu hören und ein Zeichen für Lebendigkeit und Lebenslust. Die ErzieherInnen sollten darauf achten, daß ihnen trotz aller Anstrengung das Lachen nicht vergeht.
Lakritzschnecke	Wird – laut Werbung – im Bergwerk gewonnen und an Kindergartenkinder verkauft. Über den Geschmack läßt sich streiten.

Kuscheln

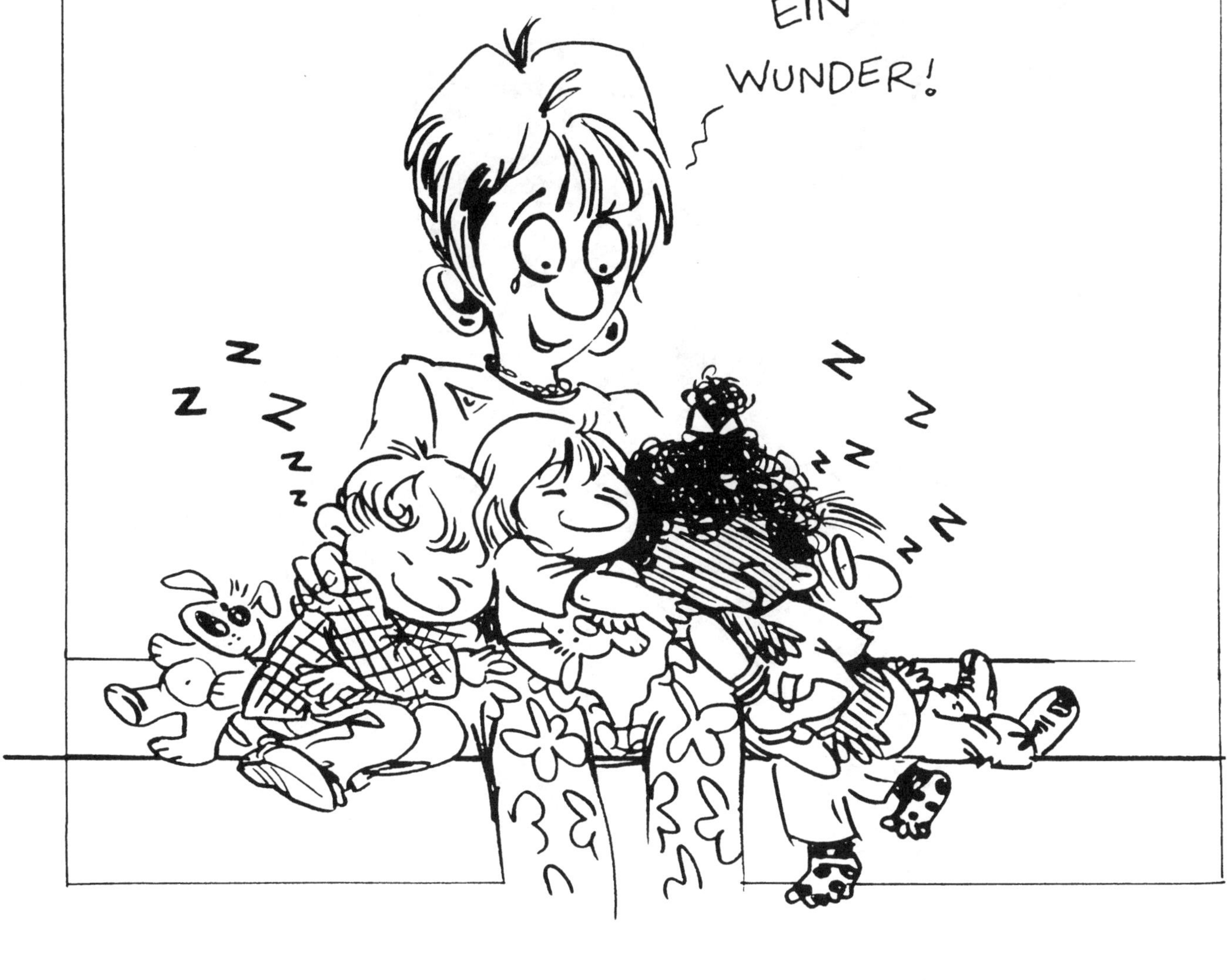

Lieder

Langeweile	Kann bereits im Kindergarten auftreten. Gelangweilte Kinder sind schwer zu begeistern. Hier kommt die Erzieherin voll zum Zug, weil sie es als pädagogische Fachkraft versteht, die Kinder immer wieder zu motivieren. Sie langweilt sich selten, höchstens dann, wenn sie Paulchen schon zum 25. Mal aufgefordert hat, seine Hose hochzuziehen und die Nase zu putzen.
Laterne	Selbstgebastelter Beleuchtungskörper, der meistens im November zu St. Martin zum Einsatz kommt. Dabei wird das altbekannte Lied gesungen: „Laterne, Laterne, Sonne, Mond und Sterne ...".
laut	Sind Kinder von Natur aus. Sobald sie leise sind, klingelt bei Eltern und ErzieherInnen sofort eine Alarmglocke.
Lego	Bausteinart, geeignet für Kinder aller Altersstufen sowie Väter aller Altersstufen. Zu Hause werden sie oft ausschließlich von den Vätern mit Beschlag belegt, deshalb sind sie im Kindergarten wichtiges Spielmaterial, damit die Kinder auch mal zum Zuge kommen.
Lernen	Findet in Prozessen statt und wird dann Lernprozeß genannt. Kindergartenkinder lernen besonders schnell, vor allem die Sachen, die sie nicht lernen sollen.
Lieder	Sprechen das Gemüt an und werden im Kindergarten ausgiebig gesungen. Kindergartenkinder verstehen nicht alle Texte, sie ersetzen sie dann zwanglos durch eigene Kompositionen. Jörgen: „St. Martin, St. Martin, ... am Weg, da saß ein armer Mann, hat Kleider nicht, hat Nudeln (Lumpen) an ..."
links	Ist dort, wo der Daumen rechts ist. Diese beiden richtungsweisenden Begriffe werden im Kindergarten geübt. Um totale Verwirrung zu vermeiden, sollte wenigstens die Erzieherin sie auseinanderhalten können.
List	In Verbindung mit Tücke normalerweise keine anerkannte pädagogische Methode. Im Kindergarten lassen sich brenzlige Situa-

tionen aber manchmal nur mittels einer mehr oder weniger listigen L. lösen.

Luftballon

Kindergartenkinder sind so bunt, leicht und fröhlich wie Luftballons. Allerdings geht ihnen seltener die Luft aus.

Lust und Liebe

Grundlage für die Arbeit im Kindergarten. Die Lust kann manchmal auf der Strecke bleiben; die Liebe sollte alles überdauern.

M

Mädchen

Weibliche Form des Kindes. Folgende Diskussion belegt, daß das Geschlecht von Kindergartenkindern nicht immer eindeutig bestimmbar scheint:
Martina: „Ich bin ein Mädchen."
Christian: „Du bist kein Junge?"
Martina: „Nee, meine Mama hat gesagt, ich bin ein Mädchen."
Christian: „Wirklich?"
Martina: „Vielleicht bin ich ein *Mädchen-Junge*."

Malen

Eine der Lieblingsbeschäftigungen im Kindergarten. Phantasie und Kreativität werden keine Grenzen gesetzt, die Umsetzung der kindlichen Gedanken- und Empfindungswelt kann frei entfaltet werden. Allerdings sollten sich sowohl ErzieherInnen als auch Elternteile davor hüten, den bildhaften Darstellungen zu schnell einen Namen zu geben. Die auf den ersten Blick einer Stubenfliege ähnelnde Gestaltung kann nämlich durchaus ein Traktor oder der eigene Vater sein.

Memory

(Engl.: Gedächtnis, Erinnerung) Beliebtes Spiel im Kindergarten, welches die ErzieherInnen daran „erinnert", daß die Kinder die zusammenpassenden Karten viel schneller finden als sie selbst.

miteinander

Darauf wird im Kindergarten mit Blick auf die soziale Erziehung großer Wert gelegt. Das Miteinander gelingt am besten, wenn die Kinder irgendeinen Unsinn zusammen ausbrüten.

Mittagessen	Hauptmahlzeit des Tages in den Ganztagsgruppen. Wird von den Kindern immer mit Spannung erwartet. Christine zur Erzieherin: „Was gibt es denn heute?" Antwort: „Hühnersuppe und ..." Christine unterbricht erstaunt: „Wie – können die Hühner auch Suppen legen?"
Mittagsschlaf	Die Zeit, in der den ErzieherInnen die Augen zufallen, den Kindern jedoch sehr selten. Für sie ist Schlafen meistens reine Zeitvergeudung. Am ersten Kindergartentag fragt Simon: „Müssen wir hier auch mittags schlafen?" Antwort: „Nur, wenn das Wetter schlecht ist." Simon: „Und wenn kein Wetter ist?"
Montessori, Maria	Nach ihr wurde eine Pädagogikrichtung benannt. Wichtigste Leitlinie dieser Pädagogik: Das Kind soll im Vorschulalter spielerisch und ohne Leistungsdruck unter Ausnutzung seiner sensiblen Phasen lernen. Der zentrale Gedanke hierbei ist: „Hilf mir, es selbst zu tun." Nach den Erkenntnissen von Frau Montessori gibt es zeitlich begrenzte sensible Phasen für Zahlen, Buchstaben usw. Sensible Phasen für Unsinn, Streiche und dummes Zeug sind jedoch ein Dauerzustand.
Motorik	Wird unterschieden in 1. Grobmotorik: Laufen, Springen, Klettern, eben alles, was mit den Beinen zu tun ist. Wird im Kindergarten gefördert und trainiert. Die ErzieherInnen befinden sich aufgrund ihrer Führungsrolle wie immer mitten im Geschehen, obwohl sie soviel Training nicht mehr nötig hätten. 2. Feinmotorik: manuelle Geschicklichkeit. Wird im Kindergarten geübt, mit und ohne Hilfsmittel. Die Bemühungen der ErzieherInnen sind meistens so sehr von Erfolg gekrönt, daß die lieben Kleinen am Ende überall ihre Fingerchen drin haben.

musisch-kreativ	„Schöne Künste" haben auch im Kindergarten ihre Bedeutung. Kein(e) ErzieherIn weiß morgens genau, wie die Kinder im Laufe des Tages ihre musische Kreativität ausleben werden. Wenn nämlich die Muse die Kinder küßt, geschehen unerwartete und ungeahnte Dinge.
Mutter	Engste Bezugsperson des Kindergartenkindes. Deshalb wird ihr am Muttertag besondere Ehre zuteil. Während einer langen Vorbereitungszeit werden im Kindergarten die mehr oder weniger gelungenen Geschenke produziert. Für die Mutter ist dieser Tag nicht nur schön, sondern auch anstrengend. Sie muß regungslos im Bett verharren, bis ihre Kinder das Frühstück servieren. Isabella (knapp fünf Jahre alt): „Mama, ich habe dir zum Frühstück Rührei gemacht. Von den zehn Eiern sind fünf in der Pfanne!" Mutter, ahnungsvoll: „Und wo sind die anderen?" Isabella: „Die sind mir runtergefallen, in die Schüssel mit den Möhren, aber reg dich nicht auf, man sieht es nicht. Sie haben die gleiche Farbe!"

N

Nachhauseweg	Liegt zwischen dem Kindergarten und der Wohnung der Kinder. Das Unfallrisiko auf dem Nachhauseweg ist zwar versicherungsmäßig abgedeckt, dennoch wird aufgrund des Einfallsreichtums von Kindergartenkindern immer ein Restrisiko bleiben, z. B. durch Schäden von Wurfgeschossen aller Art, Matschabdrücken auf Wäschestücken, Kaugummis in Schlüssellöchern, Regenwürmern und Fröschen in Briefkästen usw.
Nase	Empfindliches Sinnesorgan, das oft gerümpft wird. Hat bei Kindergartenkindern noch die niedliche Ausprägung der bekannten Stupsnase. Sie nimmt im Laufe des Wachstumsprozesses die unterschiedlichsten Formen an. Christina: „Ich habe von oben bis unten gerochen, daß es Fischstäbchen gibt!"

naß	Anscheinend liegt es in der Natur des Kindergartenkindes, lieber naß als trocken zu sein. Dies bezieht sich nicht nur auf verspätete Windelträger. Jede noch so kleine Pfütze hat magische Anziehungskräfte.
Natur	1. Befindet sich hauptsächlich außerhalb des Kindergartengebäudes und wird in Form von Ausflügen erforscht. 2. Befindet sich im Kind, beschreibt seine Eigenart und bahnt sich manchmal vehement ihren Weg.
Nein	Im Trotzalter wichtigster Begriff des täglichen Lebens für das Kindergartenkind. Es grenzt sich damit lautstark von – seiner Meinung nach – unangebrachten und unmöglichen Forderungen von Eltern und ErzieherInnen ab.
Nerven	Bevor die Erzieherin ihre Arbeit morgens beginnt, sollte sie irgendwo einen ihrer Nerven verstecken, damit sie abends noch einen hat.
Nikolaus	Wird von Kindergartenkindern mit Freude und Herzklopfen erwartet. Vor seiner Ankunft sind vor allem Buben noch große Helden. Sobald sie sein Klopfen hören, sitzen sie unterm Tisch.
Noah	Bekannt durch seine Arche. Frage der Erzieherin an die Kinder: „Wie heißt Noahs Schiff?" Philipp, wie aus der Pistole geschossen: „Enterprise!"
notwendige Kosten	Sind vom Träger eines Kindergartens aufzubringen. Je nach Art des Trägers wird mehr oder weniger gespart. Zum Glück überträgt sich diese Sparsamkeit nicht zwangsläufig auf die Erzieherin, die stets darauf achtet, daß die Kinder voll auf **ihre** Kosten kommen.
Nutella	Heißgeliebter Brotaufstrich, der in der Konsistenz Tapetenkleister und in den Folgen dem Kakao ähnelt (siehe Kakao).

naß

Ort

O

Öffnungszeiten	Festgelegte „Betriebszeiten" im Kindergarten. Nur weil die ErzieherInnen bisher vehement ihren Feierabend verteidigen konnten, ist der „24-Stunden-Kindergarten" noch nicht eingeführt worden.
ohne	Gegenteil von „mit" – Kindergartenkinder sehen das jedoch nicht so eng: Christian zur Erzieherin: „Bitte noch ein Brot mit ohne was drauf."
Ohr	Obwohl die meisten Eltern von Kindergartenkindern auf gewaschene Ohren ihrer Sprößlinge achten, hören diese nicht oder nur das, was sie hören wollen. Bei Gesprächen zwischen Erwachsenen sind sie dann aber ganz Ohr.
Opa	Eignet sich hervorragend zum Geschichtenerzählen, Drachenbauen, Eisenbahnspielen, eben zu allem, wozu gestreßte Väter keine Zeit haben.
ordentlich	Adjektiv zu „Ordnung", deutet auf wohlaufgeräumte Dinge hin. Ordentliche Kindergartenkinder sind sicherlich eine Augenweide, doch bleibt die Frage, ob ordentliche Kinder auch wirklich in Ordnung sind?
Orff, Carl	Name des Erfinders einfacher Klanginstrumente, die die Musikalität von Kindergartenkindern fördern. Unschätzbarer Vorteil dieser Art von Instrumenten: Egal, wie die Kinder draufhauen, sie klingen immer gut.
Organisation	Vorplanung, die für einen geordneten Ablauf sorgt. Im Kindergarten muß dabei viel Spielraum für Störfaktoren mit unterschiedlichen Vornamen bleiben und zwar ungefähr zwanzig pro Gruppe.
Ort	Der Ort des Geschehens für Vorschulkinder ist der Kindergarten. Deshalb geschieht vor Ort sehr viel. Ruhe herrscht höchstens mal auf dem „stillen Örtchen".

Ostern

Ostern	Die Zeit, in welcher Familienmitglieder von Kindergartenkindern ständig Rühreier essen müssen, weil im Kindergarten eine größere Anzahl von ausgeblasenen Eiern dringend als Osterschmuck benötigt wird.

P

Papier	Ist bekanntlich geduldig, läßt auch im Kindergarten viel mit sich machen: Es wird zerrissen und aufgeklebt, bemalt, ausgeschnitten, gefaltet und geflochten. Aus Sicht der Kinder eignet es sich in zerknülltem Zustand bestens als Kanonenkugel, zum Abdichten von Ritzen und Löchern und zum Verstopfen von Toiletten.
Personalkosten	Entstehen immer dann, wenn Menschen arbeiten und ihnen dafür ein Lohn gezahlt werden muß. Auch ErzieherInnen können nicht zum Nulltarif arbeiten. Die Träger können von Glück reden, daß diese sich ihren Idealismus nicht vollständig in barer Münze aufwiegen lassen.
pfiffig	Sind alle Vorschulkinder, die Situationen schnell erfassen, prompt reagieren und durch ihre aufgeweckte Art alle Herzen für sich gewinnen. Manchem erwachsenen Mitglied unserer Gesellschaft täte ein wenig davon ganz gut. Pfiffiges Beispiel: Daniel zur Erzieherin: „Soll ich dir mal was sagen? Mehr ist besser als zuwenig!"
Phantasie	Macht den Charme und den Einfallsreichtum von Vorschulkindern aus. ErzieherInnen sollten ebenfalls darüber verfügen, nicht nur, um den Kindern nahe zu sein, sondern auch, um ihnen ab und zu auch auf die Schliche zu kommen. (Wer das nicht versteht, hat keine Ph.!)
Plastilin	Beliebter Werkstoff im Kindergarten. Ist Ausgangsmaterial für „gegenständliche" und „abstrakte" Kunst. Klebt leider nicht so gut wie Kaugummi.

Pommes	Abkürzung für fritierte Kartoffelstäbchen. Mit Ketchup verziert, eine der beliebtesten Speisen von Kindergartenkindern. Dafür lassen sie jedes Gemüse stehen.
PraktikantInnen	Auszubildende, die bei personellen Engpässen nützlich sind und durch ihre meist jugendlich unbekümmerte Art und unverbrauchte Energie für frischen Wind im Kindergarten sorgen.
Prinz und Prinzessin	Märchenfiguren, die im Kindergarten gerne gespielt werden. Die Mädchen lieben vor allem die schönen Kleider und die Krone. Den Jungen bleibt oft nur der Kampf mit dem Drachen – womit sich wieder einmal das klassische Rollenschema bestätigt.
Puppenecke	Beliebtes Refugium für Kindergartenkinder zum Ausruhen, Bücher anschauen oder Träumen. Bevor die Erzieherin am Abend den Kindergarten schließt und nach Hause geht, sollte sie auf jeden Fall in dieser Ecke nachschauen. Vielleicht liegt dort noch ein schlafendes „Mäuschen".
Purzelbaum	Turnübung, die von Kindergartenkindern mühelos beherrscht wird, und zwar in alle Richtungen. Fällt ErzieherInnen manchmal schwer, obwohl sie ständig Purzelbäume schlagen müssen, um allem gerecht zu werden.
Puzzle	Zerschnittenes Bild, welches in mühevoller Kleinarbeit wieder zusammengesetzt wird. Sowohl die Bilder als auch die Anzahl der Einzelteile können variieren. Wird im Kindergarten gerne gespielt. Fördert die Ausdauer, und außerdem bekommen die Kinder einen Blick für das Ganze. Die ErzieherInnen puzzeln ständig. Sie müssen ihre 25 Einzelteilchen immer im Auge behalten und nach Möglichkeit zu einem harmonischen Ganzen zusammenfügen.

Q

quaken Beherrschen nicht nur Frösche und Enten perfekt, sondern auch quengelige und knatschige Kindergartenkinder.

Qualifikation Nachweis für eine abgeschlossene Ausbildung und damit fachliche Eignung. Manche frisch ausgebildete Erzieherin erlebt, daß die eigentliche Prüfung erst nach dem Examen auf sie zukommt.

quasseln Umgangssprachlich für unablässiges Reden ohne Punkt und Komma. Entspricht dem Mitteilungs- und Nachahmungsbedürfnis von etlichen Kindergartenkindern. Einige von ihnen sind die reinsten „Quasselstrippen".

Quatsch Unfug, der keiner näheren Erläuterung oder pädagogischen Anleitung bedarf, geschieht im Kindergarten immer zu und ganz von alleine.

Quelle Sinnbild für Entstehen und Sprudeln und somit Synonym für den Kindergarten. Es entsteht vieles und sprudelt ständig.

Quietschtier Vorschulkinder lehnen Quietschtiere ab, angeblich sind sie schon zu groß dafür. Sie quietschen viel lieber selbst – meistens vor Vergnügen.

quirlig Bezeichnung für aktive Kindergartenkinder, die alles durcheinanderwirbeln und dafür sorgen, daß keine Langeweile aufkommt. Wahrscheinlich wurde ein bekanntes Haushaltsgerät nach ihnen benannt.

R

Rahmenplan Enthält die für anerkannte Kindergärten festgelegten Mindestanforderungen in bezug auf Erziehungs- und Bildungsziele, personelle Ausstattung u. a. Die Erzieherin soll diese Leitlinien individuell umsetzen. Die Rahmenbedingungen geben dabei die Kinder vor. Wenn diese aber aus dem Rahmen fallen, taugt der ganze Plan nichts mehr.

Rangfolge Hackordnung, die schon im Kindergarten auftreten kann. Die Erzieherin muß deshalb darauf achten, daß sie sich ihren Platz bewahrt und die Kinder ihr nicht den Rang ablaufen.

Räuber Kindergartenkinder kennen ihn unter dem Namen „Hotzenplotz". Er ist der Gegenspieler vom Kasperl. Seine Rolle wird von Buben bei Rollenspielen und Faschingsfesten gerne übernommen. Im Gegensatz zu Hotzenplotz rauben sie keine Kaffeemühlen, sondern ihren ErzieherInnen den letzten Nerv.

raufen Körperliches Kräftemessen. Über so manchen kleinen Raufbold rauft sich die Erzieherin die Haare.

rechts Früher war die rechte Hand von Kindern die sogenannte „schöne Hand". Nur mit ihr durfte gemalt und jemand begrüßt werden. Inzwischen ist man davon abgekommen, weil auch die linken Händchen als gleich schön und damit als gleichwertig angesehen werden.

Reigen Hochdeutsch für „Ringelreihen". Uraltes Kinderspiel, bereits von mehreren Generationen erprobt und für gut befunden. Kommt dem kindlichen Bedürfnis nach Singen und Bewegung deutlich entgegen.

Rollenspiel Spielerische Darstellung von Situationen. Kindergartenkinder lieben diese Spielform. Sie steigern sich manchmal so sehr in ihre Rolle hinein, daß sie am Ende ganz von der Rolle sind. In diesem

Schaukel

Fall muß die Erzieherin eine souveräne Rolle spielen und ordnend eingreifen.

Rotz
Symptom für Schnupfen. Im Winter besteht so mancher Kindergarten vermehrt aus kleinen Rotznasen.

Rucksack
Ein mit Trageriemen versehenes Behältnis. Wird von Kindergartenkindern je nach Größe meist stolz auf dem Rücken getragen. Eignet sich zum Transport von Frühstücksutensilien, selbstgemalten Bildern und gebastelten Kunstwerken, aber auch zum Sammeln von gebrauchten Taschentüchern, Steinen, Blumenerde und Regenwürmern.

Ruhe
Ist das Gegenteil von Krach und ein Zustand, der im Kindergarten eher unbekannt ist. Um so wohltuender erlebt die Erzieherin die Ruhe, die manchmal für eine kurze Zeit bei konzentriertem Spielen der Kinder herrscht. Dies sind dann wahrlich goldene Augenblicke.

S

Sand
1. Befindet sich im Kindergartenbereich hauptsächlich in Sandkisten und gehört zur Grundausstattung im Außengelände. Diese Sandkästen müssen immer wieder aufgefüllt werden, denn nach dem Spielen darin rieselt es aus allen Hosentaschen, Haaren und Ohren der Kinder.
2. Gehört grundsätzlich zu den wertvollen Bau- und Werkstoffen, dennoch sollte die pädagogische Arbeit im Kindergarten nicht auf ihm aufgebaut sein.

Sauberkeitserziehung
Sollte mit dem Eintritt in den Kindergarten abgeschlossen sein. Ist sie aber nicht immer, was folgendes Zitat beweist:
Florian: „Mir hat's in die Hose geregnet."

Schaukel
Spiel- und Turngerät, das von Kindergartenkindern gerne genutzt wird. Die Erzieherin sollte jedoch darauf achten, daß sie von ihren Schützlingen nicht verschaukelt wird.

Schimpfwörter

Sind bereits Kindergartenkindern bekannt. So manche(r) ErzieherIn wundert sich darüber, woher die Kinder sie kennen, während die Eltern meistens davon ausgehen, daß solche Wörter nur durch den Kindergartenbesuch erlernt wurden.
Daniela ärgert Stefanie längere Zeit. Stefanie läßt sich einiges gefallen, bis sie schließlich laut und deutlich „Arschloch" ruft, sich umdreht und Daniela stehenläßt. Die Erzieherin nimmt Stefanie zur Seite und meint: „Ich habe gesehen, daß Daniela dich geärgert hat, aber mußt du unbedingt dieses eine Wort benutzen?" Antwort: „Ja, ich hatte es schon vor der Spucke und konnte es nicht mehr runterschlucken!"

Schlagfertigkeit

1. Im praktischen Sinn: Wird von Kindergartenkindern geübt und verfeinert. Dient der Verteidigung und äußert sich in wehrhaften körperlichen Reaktionen.
2. Im übertragenen Sinn: Bei Kindergartenkindern unübertroffen.
Christian: „Ihh, ist das sauer!"
Erzieherin: „Sauer macht lustig."
Christian: „Ja – und süß macht blöd!"

Schuhe

Fußbekleidung, deren An- und Ausziehen im Kindergarten noch so manche Schwierigkeiten bereitet. Die Unterscheidung zwischen rechtem und linkem Schuh fällt schwer. Die Erzieherin merkt dann am watschelnden Gang, daß es mal wieder nicht geklappt hat. Noch weniger klappt meist das Schleifenbinden. Diese Prozedur muß erst mühsam erlernt werden, der Weg dahin ist mit so manchem Knoten gepflastert.

soziale Erziehung

Wesentlicher Bestandteil des pädagogischen Konzepts eines Kindergartens. Ziel dabei ist, die Gruppenfähigkeit des Individuums zu fördern. Dies geschieht z. B. durch Einhalten von Spielregeln. So können sich kleine Rumpelstilzchen, Raufbolde und Räuber in halbwegs erträgliche Wesen verwandeln und pflegeleichter werden. Aber auch Mauerblümchen sollten die Erfahrung machen, daß sie sich durchaus gefahrlos äußern können.

MEINE MUTTER HAT
LUFTSPRÜNGE GEMACHT,
ALS ICH MEIN ERSTES
WORT GESPROCHEN HABE.
MITTLERWEILE SCHLÄGT SIE
DIE HÄNDE ÜBER DEM KOPF ZUSAMMEN,
WEIL ICH IHR GANZE ROMANE
ERZÄHLE. IST DOCH NICHT
LOGISCH, ODER? ALSO ZUM
BEISPIEL HAB' ICH EINE
FREUNDIN IM KINDERGARTEN—
BEI IHR WAR ES ÄHNLICH
UND ZWAR ...

Sprachentwicklung

Spaghetti

Italienisches Nudelgericht, das im Kindergarten nicht fehlen darf. Besonders heimtückisch ist die dazugehörige rote Soße und eine gewisse Glitschigkeit. Diese hat zur Folge, daß sich die Nudeln schnell verselbständigen und an den unmöglichsten Orten wieder auftauchen.

Spiel

Die Arbeit der Kinder.
Christian (5): „Ich bin ein Arbeiter und arbeite gerne Häuser!"

Sport

Gezielte körperliche Betätigung, die der physischen und psychischen Gesundheit dient. Hat im Kindergarten einen hohen Stellenwert, so daß meistens sogar eigene Turnräume zur Verfügung stehen. Der bekannte Satz „Sport ist Mord" kann wohl von der einen oder anderen Erzieherin seufzend nachvollzogen werden.

Sprachentwicklung

Im Kindergartenalter kommt ihr zentrale Bedeutung zu, weil die Kinder in dieser Entwicklungsphase ihren Wortschatz enorm erweitern. Etliche erweitern ihn so schnell, daß ihr Mundwerk vor Begeisterung darüber von morgens bis abends nicht mehr stillsteht.

Strauß

1. Blumen, werden von Kindergartenkindern leidenschaftlich gerne gepflückt.
2. Tierart, die in unserem Land nur im Zoo oder Zirkus auftritt. Kindergartenkindern weitgehend unbekannt, aber treffend beschrieben: „Gestern war im Zirkus eine Ente mit langen Beinen."

Stuhlkreis

Feststehender Begriff im Kindergarten. Die Kinder sitzen im Kreis und beginnen oder beenden gemeinsam den Tag. So wird das Zusammengehörigkeitsgefühl gestärkt, und die Erzieherin hat wenigstens einmal am Tag ihre Schäfchen ordentlich aufgeräumt.

teilen

T

Tante

Weibliche Verwandte von Nichten und Neffen. War früher gängige Anrede auch für nicht verwandte ErzieherInnen, gilt heute als überholt. Sie werden entweder mit Vor- oder Familiennamen angeredet. Schließlich sind „moderne" ErzieherInnen alles andere als „tantenhaft".

tanzen

Rhythmische Bewegung zur Musik, liegt allen Vorschulkindern im Blut. Im Kindergarten ist aber manchmal unklar, wer nach wessen Pfeife tanzt.

teilen

Bedeutet: einem anderen etwas abgeben. Diese Fähigkeit ist menschlichen Wesen leider nicht angeboren und muß im Kindergarten mühsam erlernt werden. Besonders schwierig ist dabei die Erkenntnis zu verkraften, daß die geliebte Erzieherin absolut nicht teilbar ist.

Theater

1. Aufführung mit verschiedenen Rollen. Entspricht dem kindlichen Darstellungsbedürfnis und wird im Kindergarten gepflegt. Pannen gehören dazu, sie machen das ganze Theater erst richtig liebenswert.
2. Auf so manches alltägliche Theater im Kindergarten könnten einige ErzieherInnen gewiß gerne verzichten.

toben

Wilde Bewegungsabläufe, sind im Vorschulalter typisch. Der Bewegungsdrang ist nämlich enorm und muß ausgelebt werden. ErzieherInnen müssen auf das Toben verzichten, auch wenn sie innerlich vor Wut kochen.

Ton

1. Bestandteil eines Liedes, wird durch Stimme oder Instrumente zu Gehör gebracht. Kindergartenkinder legen keinen Wert auf den „guten" Ton, wohl aber auf die Lautstärke.
2. Formbares Material, womit im Kindergarten getöpfert wird. Mütter werden so reichlich mit Gebrauchs- und Haushaltsgegenständen versorgt.

3. Den Ton im Kindergarten sollten in jedem Fall die ErzieherInnen angeben.

Traum
Luftschloß, welches sowohl nachts als auch tagsüber gebaut werden kann. Im Vorschulalter sind die Kinder besonders geeignete Bauherren, weil ihnen die Phantasie noch grenzenlos zur Verfügung steht. Spätestens kurz vor der Einschulung muß die Erzieherin aber auch den letzten Traumtänzer auf den Boden der Tatsachen zurückgeholt haben.

trödeln
Verlangsamtes Tun, kommt bei Kindergartenkindern immer dann vor, wenn sie etwas ungern machen. Löst bei Eltern und ErzieherInnen die genau gegenteilige Reaktion aus. Wenn sie nämlich dürften, würden sie ihre lieben Kleinen zur Beschleunigung ganz gern mal „von hinten anschieben".

Trotzphase
Konfliktträchtige Zeit der Persönlichkeitsfindung, durch die jedes Kind hindurchwachsen muß. Unvorhergesehene Verhaltensäußerungen bringen dabei das Kind selbst und sein Umfeld zur Verzweiflung. Hier bewährt sich die Erzieherin, die wie ein Fels in der Brandung allen Wutanfällen mit liebevoller Geduld trotzt.

Turm
1. Bauwerk, aus einzelnen Bausteinen bestehend. Kindergartenkinder bauen ihn nicht für die Ewigkeit, weil ihnen das Zusammenkrachen Spaß macht.
2. Für die ErzieherInnen werden ganz andere Türme gebaut: stapelweise Arbeit – manchmal türmen sich auch die Probleme. Bei alledem muß sie auch noch darauf achten, daß kein Kind türmt.

U

Ufer

Begrenzung eines Gewässers, erfordert bei Kindergartenausflügen von den ErzieherInnen erhöhte Wachsamkeit. Der Forscherdrang von Kindergartenkindern ist nämlich uferlos und ufert deshalb schnell aus.

Uhr

Teilt auch im Kindergarten die Zeit ein, deswegen lernen Vorschulkinder das Ablesen der Uhrzeit anhand selbstgebastelter Pappuhren. Die Zeit als solche ist ihnen jedoch oft unwichtig, denn bekanntermaßen schlägt dem Glücklichen keine Stunde.

umziehen

Bedeutet das Wechseln von Kleidung im Kindergarten (z. B. vor und nach dem Turnen) und nicht die Veränderung des Standortes eines Kindergartens.

Ungeheuer

Unheimliches Wesen in Märchen, ruft – wie Hexen – bei Kindergartenkindern Wonnegruseln hervor und macht Geschichten ungeheuer spannend.

ungezogen

Ist nach Ansicht von Eltern und ErzieherInnen eine unerwünschte Verhaltensweise des Kindes, gehört aber zum Kindsein dazu. Bereits Kindergartenkinder testen so ihre eigenen Grenzen aus und bringen damit Eltern und ErzieherInnen an deren Grenzen.

Unsinn

Ist alles das, was angeblich keinen Sinn macht. Kindergartenkinder haben damit den meisten Spaß und sehen darin sehr wohl einen Sinn.

Unterhaltung

Gespräch zwischen mindestens zwei Teilnehmern, kommt im Kindergarten häufig vor und kann recht witzig sein:
Stephanie: „Frauen tragen Badeanzüge."
Johannes: „Ja. Wir Männer brauchen nur Badehosen. Wir haben ja keinen Busen."
Stephanie: „Es gibt aber manchmal Frauen, die tragen keinen Badeanzug."

Urlaub

HÖREN SIE, ES IST MIR PIEPEGAL WO, HAUPTSACHE FAMILIENFEINDLICH!
REISEBÜRO
ASIEN
THAI
U.S.A

Johannes: „Die haben dann aber Busenschützer, damit die Busen nicht wegschwimmen!"

unvorhergesehen	Alles, womit keiner gerechnet hat. Im Kindergarten muß damit immer gerechnet werden: Erzieherin zu Michael: „Wenn du dem Peter den Baustein wegnimmst, mußt du damit rechnen –" Michael, unterbricht wütend: „Ich kann aber noch nicht rechnen!"
Urlaub	Arbeitsfreie Zeit, die jedem Arbeitnehmer zusteht. Eine willkommene Unterbrechung des Alltags im Jahresablauf, die von Kindergartenkindern und ErzieherInnen gleichermaßen genossen wird. Die Kinder erholen sich von den Erziehern, die Erzieher von den Kindern, und das Schönste daran ist die Wiedersehensfreude.
Urvertrauen	Entsteht aus der ständigen liebevollen Zuwendung der Bezugsperson zum Kleinkind und ist die Basis für Lebensmut und Bindungsfähigkeit. Der Eintritt in den Kindergarten bedeutet für das Kind den ersten Schritt in die Welt und soll sein Vertrauen nicht enttäuschen. Dafür sorgen die ErzieherInnen nicht nur durch ihre pädagogische Kompetenz, sondern vor allem durch ihr herzliches Engagement für jeden einzelnen Schützling.

V

Vater	1. Männliche Bezugsperson, die für die Identitätsfindung des Kindes von großer Bedeutung ist. 2. Derjenige, welcher im Kindergarten geduldig und ausdauernd so manche Reparatur durchführt, Wände anstreicht und Spielgeräte in Ordnung bringt. Schon allein deshalb sollte man ihn sich warmhalten.
Verantwortung	Das Einstehen für andere Menschen und Aufgaben, die Übernahme einer solchen ist auch im Kindergarten die Voraussetzung für eine gute Arbeit. ErzieherInnen nehmen sie täglich auf sich und

Vorschulkinder

stehen für so vieles gerade, daß sie nicht auch noch für verregnete Sommerfeste, Wasserrohrbrüche und Läuse im Kindergarten verantwortlich gemacht werden sollten.

Verfügungszeit

Begriff, welcher Konflikte zwischen ErzieherInnen und Arbeitgeber auslösen kann. Diese zur Verfügung stehende Zeit steht nicht immer zur Verfügung, und wenn, dann darf sie sich nur auf den Dienst am Kind beziehen. Je nachdem, wie der Träger des Kindergartens diesen Dienst definiert, stellt er diese Zeit zur Verfügung oder eben nicht. Deshalb handelt es sich hier um eine „Kann-Regelung", die jedoch von der Erzieherin nicht beeinflußt, sondern nur ausgebadet wird. Für KinderpflegerInnen gibt es meistens keine Verfügungszeit; sie müssen sich für ihren Dienst am Kind ständig zur Verfügung halten.

verrückt

Alles, was nicht gängigen Normen entspricht. Die Vorstellungen darüber gehen auch bei Kindergartenkindern und ErzieherInnen manchmal weit auseinander. Aus Sicht der Kinder sind aber die besten Pädagogen diejenigen, die wenigstens ab und zu mal „verrückt spielen".

Verschwiegenheitspflicht

Gesetzliche Bestimmung für ErzieherInnen, Daten und Vorkommnisse im Kindergarten vertraulich zu behandeln. Gäbe es diese Auflage nicht, könnte so manche Erzieherin zur Romanautorin werden.

Virus

Krankheitserreger, welcher auch Kindergärten überfällt und ErzieherInnen und Kinder lahmlegt. Manche Unarten von Kindergartenkindern breiten sich virusähnlich aus und sind hochansteckend. Ein hierfür wirksames Medikament wurde bisher noch nicht gefunden.

Vogelhochzeit

Kinderlied, das über Jahrzehnte hin nicht an Aktualität verloren hat. Die eingängige Melodie tröstet über die enorme Anzahl der Strophen hinweg. Kindergartenkinder lieben dieses Lied, auch wenn sie die Verse öfter mal durcheinanderbringen.

Vorschulkinder

Sind die „Senioren" unter den Kindergartenkindern und sind sich dessen stolz bewußt. An ihren beginnenden Zahnlücken sind sie äußerlich leicht zu erkennen.

Vorsicht

Gehört in Verbindung mit Umsicht zur Fürsorgepflicht der ErzieherInnen, damit ihre Schützlinge vor drohenden Gefahren bewahrt werden. Trotz aller Vorsichtsmaßnahmen sollte die Erzieherin aber auch ein gewisses Maß an Nachsicht üben, sonst wird es im Kindergarten ungemütlich.

W

Warum

Fragewort, das im Wortschatz von Kindergartenkindern eine herausragende Rolle spielt. Der Wissensdurst im Kindergartenalter ist riesengroß, und so manche Erzieherin fühlt sich oft wie ein Emmentaler-Käse, weil ihr ständig Löcher in den Bauch gefragt werden.

Wasser

Ist u. a. auch zum Waschen da, wird aber von Kindergartenkindern für andere Betätigungen wesentlich lieber benutzt. Planschen, Spritzen und Rummatschen wecken sofort ihr Interesse, ihre Kreativität und ihre Ausdauer.

weinen

Ausdruck von Kummer und Traurigkeit, wird von Kindergartenkindern noch unverfälscht als Ausdrucksmöglichkeit ihrer Gefühle benutzt. Ein kleiner Trost reicht meistens, und schon lachten sie zumindest mit einem Auge wieder.

Wiederholung

Wird von Kindern im Vorschulalter ohne Ausnahme gefordert. Sie achten pingelig genau auf den immer wieder gleichen Aufbau von Spielen und die detailgetreue Wiedergabe von Geschichten. Abweichungen werden sofort erkannt und mit heller Empörung lautstark beanstandet.

Wiener

Als Würstchen bei Kindergartenkindern bekannter als der entsprechende Walzer:

Simone erzählt im Kindergarten: „Gestern war ich im Ballett!"
Erzieherin: „Was habt ihr denn getanzt?"
Simone: „Den blutigen Würstchentanz!"
Erst nachdem Simone die Melodie summte, verstand die Erzieherin, daß es sich um den Walzer „Wiener Blut" handelte.

Wochenthema	Beinhaltet die Aufgabenstellung zu einem Themenschwerpunkt und setzt für alle Gruppen eines Kindergartens Ziele. Wenn die Kinder mitspielen, werden diese auch erreicht.
Wolf	Säugetier, dem in Märchen die Funktion des Bösewichts übertragen wird. Angeblich verschlingt er sogar Großmütter. Sein jämmerliches Ende löst bei Kindergartenkindern Erleichterung und Freudenrufe aus.
Wolle	Aus Fäden bestehendes Strick- und Bastelmaterial. Wird im Kindergarten in Form von Resten eifrig gesammelt und zu Kunstwerken verarbeitet. Jahrelange Erfahrungen bestätigen immer wieder, daß dieser Werkstoff wesentlich schneller und dauerhafter an Kinderfingern klebt als an Papier.
Wunder	1. Jedes Kind ist ein Wunder. Über unterschiedliche Verhaltensweisen ihrer Kinder zu Hause und im Kindergarten wundern sich meistens die Eltern, die ErzieherInnen weniger. 2. Von ErzieherInnen wird erwartet, daß sie manchmal Wunder vollbringen. Meistens gelingen sie ihnen sogar.

X

X statt U	Den bekannten Spruch „sich kein X für 'n U vormachen lassen" sollte sich jede Erzieherin zu Herzen nehmen. Zwar kennen ihre Zöglinge im Kindergarten weder Buchstaben noch den oben erwähnten Spruch, aber sie wissen, worum und wie es geht.
Xylophon	Musikinstrument, kommt im Kindergarten sehr zur Geltung. Im Gegensatz zur Blockflöte gehört es zu den Instrumenten, deren Klang bei Erwachsenen nicht sofort zu Migräneanfällen führt.

Zipfel

Z

Zahlen	Von Menschen erfundene Symbole, welche für eine bestimmte Anzahl irgendwelcher Gegenstände, Altersangaben oder Uhrzeiten herhalten müssen, manchmal auch für alles zusammen: Katrin: „Gell, du bist vier Jahre alt?" Jan: „Nein, fast vier." Katrin: „Also halb vier!"
Zähmung	Nicht nur Shakespeare versuchte, die Widerspenstigen zu zähmen, sondern auch so manche(r) ErzieherIn.
Zahn	Gewächs, welches hauptsächlich aus Kalk besteht und im Laufe der ersten Entwicklungsjahre den kindlichen Mund füllt, um dann kurz vor der Einschulung wieder auszufallen.
Zankapfel	Muß im Kindergarten nicht unbedingt ein Apfel sein. Bausteine, Legomännchen, Bilderbücher, Frühstücksbrote und Bananen eignen sich ebenfalls. Wichtigstes Kennzeichen eines Zankapfels ist nämlich nicht die Zugehörigkeit zu einer Obstsorte, sondern die Tatsache, daß **dieser eine** Gegenstand innerhalb kürzester Zeit für einen Riesenwirbel sorgt.
Zappelmänner	Ursprünglich Bestandteil eines Kinderliedes und deshalb nicht zu verwechseln mit der in Kindergärten häufig vertretenen Gattung der „Zappelphilipps".
Zeckenschutzimpfung	Für kleine Kinder ein fast unaussprechlicher Begriff. Abkürzungen sind deshalb durchaus sinnvoll. Melanie: „Der Arzt hat mich gestern gezeckt."
Zipfel	Bezeichnung eines männlichen Körperteils im Sprachgebrauch von Drei- bis Sechsjährigen. Jörgen steht im Kindergarten vor der Toilette und pieselt. Seine Erzieherin kommt dazu und meint freundlich: „Jörgen, bitte, halte doch dein Zipfelchen fest, damit nichts danebengeht." Antwort: „Brauch' ich nicht, der hört auf mich!"

Zirkus	Hat sowohl mit Menschen, Tieren, Sensationen als auch mit Flöhen zu tun. Letztere sind im Kindergarten unerwünscht, allerdings sorgen gewiß die einen oder anderen kleinen menschlichen Flöhchen für durchaus zirkusreife Sensationen.
Zug	Transportmittel, welches im Laufe der letzten Jahrzehnte seine Geschwindigkeit aufgrund technischer Entwicklung enorm steigern konnte und deshalb von kleinen Kindern auch als „Husch-husch-Bahn" treffend bezeichnet wird.
Zugpferd	Kein Pferd oder Gaul im herkömmlichen Sinne, und hat deshalb auch nichts mit dem Rennsport zu tun. Es handelt sich vielmehr um alles, was Kindergartenkinder begeistert, weil es neu, aufregend und begehrenswert erscheint. Sollten durch finanzielle Engpässe keine neuen Spielsachen als Zugpferd zur Verfügung stehen, muß die Erzieherin diese Lücke schließen und stellt damit doch eine Verbindung zum Rennsport her, indem sie pausenlos herumsaust.
Zukunft	Kinder sind unser aller Zukunft, deshalb sollte keine pädagogische Mühe gescheut werden, auch dann nicht, wenn dabei so manche(r) ErzieherIn auf der Strecke bleibt und somit der Vergangenheit zuzuordnen ist.
Zulassen	1. Erschrockener Ausruf einer Erzieherin, die damit verhindern möchte, daß ein Vierjähriger die Kaffeedose noch weiter aufschraubt. Erfahrungsgemäß kennt sie solche und ähnliche Tätigkeiten ihrer Zöglinge zur Genüge und vermutet deshalb mit an Sicherheit grenzender Wahrscheinlichkeit, daß dieses Kind mit dem Öffnen der Kaffeedose nicht zufrieden sein wird, sondern unbedingt noch die Fallgeschwindigkeit des Kaffeepulvers experimentell erleben möchte. 2. Bezeichnet eine pädagogisch wichtige Einstellung näher. Jede Erzieherin sollte daran arbeiten, das Kind in seiner Selbständigkeit zu fördern und ihm eigene Entscheidungsspielräume zu überlassen. Durch das Zulassen kindlicher Entscheidungsprozesse

wird das Kind in seiner Persönlichkeit ernst genommen. Bezogen auf Punkt 1 läßt sich somit feststellen, daß die Erzieherin mit ihrem Ausruf sich selbst deutlich hörbar an wichtige Lernelemente ihrer Ausbildung erinnert.

Zunge

Menschliches Körperteil, welches im Laufe der Sprachentwicklung so manchen Knoten bekommt und sich dennoch hervorragend bei kleinen Kindern zum Rausstrecken eignet. Dabei handelt es sich um eine Symbolhandlung, die meistens mit dem Ausruf „Älla bätsch" (Kurzform: Bäh) verbunden ist.

Zusammenarbeit

Wird im Kindergarten von Kindern, ErzieherInnen, KinderpflegerInnen, PraktikantInnen, Eltern und vom Träger gestaltet. Nur so kann keiner im Trubel untergehen.

Aa·chen
heiter betrachtet

ISBN 3-8231-0564-7

ab·neh·men [ap'ne:man]
‹ist› die Kunst, frohen Herzens viele Pfunde zu verlieren, um sie sich anschließend noch froheren Herzens wieder anzufuttern.

ISBN 3-8231-0135-8*

Aka·de·mi·ker [aka'de:mike]
‹sind› gebildete Hochschulabsolventen, die sich selbst durch einen Titel geadelt haben.

ISBN 3-8231-1024-1

All·gäu
heiter betrachtet

ISBN 3-8231-0543-4

an·geln [aŋln]
‹ist› die Kunst zu stippen, zu heben, zu senken oder zu spinnen, um Fische zu fangen, die man eigentlich nicht braucht.

ISBN 3-8231-0126-9*

Apo·the·ke [apo'te:ke]
‹ist› ein Ort der Hoffnung, Gesundheit auf Rezept kaufen zu können.

ISBN 3-8231-1022-5

Ar·chi·tek·tur [arçi'tek'tu:r]
‹ist› die Kunst, traumhafte Häuser zu entwerfen und ihre halbwegs ähnliche Ausführung in begehbarem Maßstab zu überwachen.

ISBN 3-8231-0176-5

Au·to fah·ren [auto fä:rn]
‹ist› die Kunst, viel Geld in einen Haufen Blech zu stecken, um schneller als derjenige voranzukommen, der einen gerade überholen will.

ISBN 3-8231-0166-8*

Ba·bys [be:bi]
‹sind› die einzigen Diktatoren der Welt, denen man sich mit einem Anflug von Glückseligkeit unterwirft.

ISBN 3-8231-1028-4

Ba·de·ner Land
heiter betrachtet

ISBN 3-8231-0574-4

Bank & Bör·se [baŋk & bœrze]
‹sind› Institutionen, bei denen der Kunde König ist; denn er gibt und nimmt das Geld, von dem alle gut leben.

ISBN 3-8231-0139-0*

Fröh·li·che Wör·ter·bü·cher von A–Z

Bas·ket·ball [ba()sketbal]
‹ist› die Kunst, einen Korb nach dem anderen zu werfen, um nach 40 Minuten Spielzeit wenigstens einen Punkt mehr als der Gegner zu haben.

ISBN 3-8231-0082-3

Be·am·te [ba'amta]
‹sind› staatstragende Persönlichkeiten auf Lebenszeit, die außer ihren Pensionsansprüchen keinerlei Schmerzensgeld für den täglichen Ärger mit Politikern, Paragraphen und Steuerzahlern beanspruchen dürfen.

ISBN 3-8231-0189-7*

berg·stei·gen [bErk'ʃtaign]
‹ist› die Kunst, auf dem Umweg über einen Gipfel unter Lebensgefahr an die Stelle zurückzukehren, an der man sich sowieso schon befunden hat.

ISBN 3-8231-0116-1*

Bier trin·ken [bi:e 'triŋkn]
‹ist› der Genuß eines edlen Gebräus, das nicht nur göttlicher Trank, sondern auch Grundnahrungsmittel ist.

ISBN 3-8231-1003-9*

BMW fah·ren [be:emve: fa:rn]
‹bedeutet› sich für eine Automarke zu entscheiden, die nach eigener Überzeugung allen anderen überlegen ist.

ISBN 3-8231-1002-0

Büro [by-ro] ‹ist› ein beliebter Aufenthaltsort für Berufstätige, die dort möglichst ungestört von Urlaub und Freizeit träumen möchten.

ISBN 3-8231-0105-6*

bü·ro·kra·teln [byro'kratln]
‹ist› die Kunst, sein Arbeitspensum im öffentlichen Dienst zu erzaubern und Beamtendeutsch so perfekt zu beherrschen, daß keiner etwas versteht.

ISBN 3-8231-0138-2

Bun·des·li·ga [fußball·bundesliga]
‹ist› eine Einrichtung, die wöchentlich Zigtausende vor und hinter dem Fernseher lockt.

ISBN 3-8231-1006-3*

Bun·des·wehr [bundesve:g]
(mit NEUEM-VERTEIDIGUNGS-AUFTRAG = NVA, natürlich) ‹ist› eine Gemeinschaft von Soldatinnen und Soldaten, die während ihrer Dienstzeit beim ‹Bund› gemütlichen Dauerstreß, Druck und Drill von oben und ‹seltener› Dreck von unten, in der Hoffnung ertragen, deshalb den Ernstfall nie erleben zu müssen.

ISBN 3-8231-0096-3*

Ca·brio fah·ren [kabrio fä:rn]
‹ist› die Kunst, sich ungeschützt Wind, Sonne, Smog und neidischen Blicken auszusetzen und dennoch dabei das Hochgefühl grenzenloser Freiheit zu empfinden.

ISBN 3-8231-0070-X

Ca·ra·van & Wohn·mo·bil [karavan & vo:nmo'bi:l]
‹sind› Mini-Häuser auf Rädern, die den reiselustigen Besitzer das Gefühl geben, auf der ganzen Welt zu Hause zu sein.

ISBN 3-8231-0095-5

Che·mi·ker [çemikɐ]
‹sind› Menschen, die jede Zusammensetzung von Stoffen und Molekülen analysieren und sie ändern, wenn sie ihnen nicht paßt.

ISBN 3-8231-1025-X

Com·pu·ter [kom-pju-tɐr]
Synthetisches Gehirn, das nichts vergißt und blitzschnell reagiert, vorausgesetzt, es wurde von einem natürlichen Gehirn richtig gefüttert.

ISBN 3-8231-0110-2*

Com·pu·te·ri·tis [kɔmˈpjuteritis]
‹ist› eine Sucht, die keinen mehr losläßt, der einmal davon befallen worden ist.

ISBN 3-8231-0081-5*

Com·pu·ter·&·Vi·deo·spie·ler [kɔmˈpjutɐ-&·videoʃpilɐ]
‹sind› begnadete Schnellmerker, in deren Hand Maus und Joystick zu Zauberstäben werden, wenn die Software stimmt.

ISBN 3-8231-0069-6

Dackel ['dakl]
Platzsparender Kompakthund, dessen äußere Erscheinung in verblüffendem Kontrast zu seiner Kampfkraft und seiner inneren Größe steht.

ISBN 3-8231-0162-5

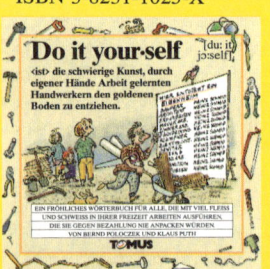

Do it your·self [duː ɪt jɔːˈself]
‹ist› die schwierige Kunst, durch eigener Hände Arbeit gelernten Handwerkern den goldenen Boden zu entziehen.

ISBN 3-8231-1026-8*

Dra·chen·&·Gleit·schirm·flie·gen [draːxən & glaitʃirmfliːɡən]
‹ist› die Kunst, sich freiwillig widrigen Winden anzuvertrauen, um dabei die meistens viel zu kurze Zeit des Rausches grenzenloser Freiheit spüren zu können.

ISBN 3-8231-0190-0

Düs·sel·dorf
heiter betrachtet

ISBN 3-8231-0565-5

E·D·V [eːdeːˈfau]
Abk. für »Elektronische Daten-Verwirranlage«, die immer mehr Menschen in ihren Bann zieht.

ISBN 3-8231-0120-X*

Ei·sen·bahn [aiznban]
‹ist› ein traditionsreiches Massenverkehrsmittel, das nur zum alten Eisen gehören wird.

ISBN 3-8231-0060-2*

Eis·ho·ckey ['ais'hɔki]
‹ist› die Kunst, so gekonnt auf schmalen Kufen übers Eis zu fetzen, daß beim immer nur der Gegner auf die Schnauze fällt.

ISBN 3-8231-0137-4*

El·tern ['ɛltɐn]
‹sind› ein Mann und eine Frau, die ihren Kindern – im Idealfall gemeinsam – soviel Liebe zuwenden, wie sie selbst gern zurückbekommen würden.

ISBN 3-8231-1027-6

Eng·land
heiter betrachtet

ISBN 3-8231-0534-5

fau·len·zen [faulɛntsn]
‹ist› die Kunst, jede Möglichkeit zum Müßiggang konsequent zu nutzen und dennoch zu Geld oder Ansehen zu gelangen.

ISBN 3-8231-0152-8

fech·ten ['fɛçtn]
‹ist› die Kunst, zu stoßen, ohne gestoßen zu werden, zu hieben, ohne verhauen zu werden.

ISBN 3-8231-0157-9

Fe·ste·&·Par·tys [fiɛsta & paːtis]
‹sind› feucht-fröhliche Veranstaltungen, die man feiern sollte, wie sie fallen.

ISBN 3-8231-0079-3

Feu·er·wehr [fɔyɐveːɐ]
‹ist› eine Gemeinschaft mutiger Männer und Frauen, die den Einsatz am liebsten nur üben – und doch darauf brennen, sich im Ernstfall bewähren zu können.

ISBN 3-8231-0080-7*

Fit·ness [fitnes]
‹ist› der schweißtreibende Versuch, sich so lange freiwillig abzustrampeln, bis man am gewünschten Ziel ist, z. B. dem Idealgewicht.

ISBN 3-8231-0114-5*

FKK [ɛfkaːˈkaː]
‹ist› die Kunst, Adam und Eva zu spielen, ohne an den Sündenfall zu denken.

ISBN 3-8231-0068-8

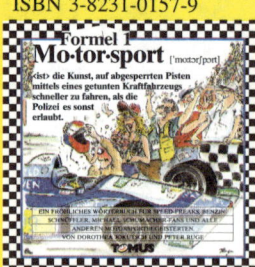

Formel Mo·tor·sport ['mɔtorʃpɔrt]
‹ist› die Kunst, auf abgesperrten Pisten mittels eines getunten Kraftfahrzeugs schneller zu fahren, als die Polizei es sonst erlaubt.

ISBN 3-8231-1031-4

Foto·gra·fieren [fotoɡraːfiːrən]
‹ist› die Kunst, mit Kamera und Blitzlicht so umzugehen, daß eine Katze von einem Rosenstrauch und die Zugspitze vom Berliner Funkturm unterschieden werden kann.

ISBN 3-8231-0113-7*

Fran·ken
heiter betrachtet

ISBN 3-8231-0541-8

Frank·furt
heiter betrachtet

ISBN 3-8231-0544-2

Frau·en [fraun]
‹sind› alle Evas, die nicht aus Adams Rippe, sondern aus ureigenem Holz geschnitzt sind.

ISBN 3-8231-1004-7*

Freund·schaft [frɔyntʃaft]
‹halten ist› die Kunst, füreinander da zu sein, auch wenn es einmal nichts zu feiern gibt.

ISBN 3-8231-1005-5

Fri·sur & Kos·me·tik
[fri'zu:r & kɔsme'tik]
‹sind› Begriffe, denen die Meisterinnen ihres Faches täglich neuen Glanz, perfektes Aussehen und betörende Duftnoten verleihen.

EIN FRÖHLICHES WÖRTERBUCH FÜR HAAR-STYLISTINNEN UND COIFFEURE, KOSMETIKERINNEN, FABR., DUFT- UND STILBERATERINNEN, VISAGISTINNEN, MAßGOBILDUNG UND ALLE, DIE AM FRISIEGT IMMER JEDEN BES. UND SCHÖN. MIT INTERESSE UND VON GABRIELE KOLOCZEK UND VIVIANE CHARRIER.

TOMUS

ISBN 3-8231-1007-1

Fuß·ball
[fuːsbal]
‹ist› die Kunst, mit 44 krummen Beinen eine luftgefüllte Lederkugel in 2 große Netze zu drücken.

EIN FRÖHLICHES WÖRTERBUCH FÜR FANS, FUSSBALLER, TRAINER, DEREN ANGEHÖRIGE SOWIE DIE MILLIONEN FERNSEHSESSEL-SPORTLER. VON MICHAEL FUNCKE.

TOMUS

ISBN 3-8231-0107-2*

gär·teln
[gɛrtln]
‹ist› die Kunst, Unkraut und Schädlinge zu vertilgen, um Blumen und Früchte für Vögel und andere Schmarotzer großzuziehen.

EIN FRÖHLICHES WÖRTERBUCH FÜR UNKRAUTJÄGER, BLATTLAUS-VERTILGER UND BALKON-BOTANIKER.
♣ VON HENRY BEARD UND ROY MCKIE.

TOMUS

ISBN 3-8231-0128-5*

Geld ver·die·nen
[gɛlt fɛr'diːnən]
‹ist› die Kunst, mehr aus seinem Geld zu machen oder wenigstens zu wissen, wie es auf keinen Fall weniger wird.

EIN FRÖHLICHES WÖRTERBUCH FÜR KLEINSPARER, GROSSVERDIENER, AKTIONÄRE, BANKER UND ALLE, DIE LIEBER IHR GELD ARBEITEN LASSEN, STATT SELBST ZU ARBEITEN. VON GERT SEIDEL UND HEINZ WILDI

TOMUS

ISBN 3-8231-0191-9

Ge·sund·heits·(un)·we·sen
[gə'zʊnthaitsveːzn]
‹ist› das Geflecht sozialer Netze, in die sich alle Beteiligten ausweglos verstrickt haben.

EIN FRÖHLICHES WÖRTERBUCH FÜR GESUNDMACHER UND GESUND-STOSSER, FÜR KRANKE, HEILER UND PFLEGER GLEICHE KRANKE, KRANKE GESUNDE, GESTRESSTE POLITIKER UND FUNKTIONÄRE SOWIE ALLE, DIE UNTER DER GESUNDHEITSWESEN LEIDEN. VON H. BAVARIUS UND V. TAINE

TOMUS

ISBN 3-8231-0067-X

Ge·werk·schaft·ler
[gə'vɛrkʃaftlɐ]
‹ist› organisierte Arbeitnehmer, die den Arbeitgebern immer mal wieder zeigen müssen, wo eine Harke ist.

EIN FRÖHLICHES WÖRTERBUCH FÜR GEWERKSCHAFTER/IN-NEN, BETRIEBSRÄTE, FUNKTIONÄRE UND ALLE, DIE MIT BEI-DEN BEINEN IM BETRIEB STEHEN UND DEN UNTERNEHMERN AUF DIE FINGER SEHEN VON A. KOTTMANN UND K. PUTH.

ISBN 3-8231-1014-4

gol·fen
[gɔlfn]
‹ist› die Kunst, auf 18 viel zu langen Bahnen mit 14 ungeeigneten Schlägern einen viel zu kleinen Ball in ein winziges Loch zu spielen.

EIN FRÖHLICHES WÖRTERBUCH FÜR ALLE GOLFER, BABIES, SLICER, HOOKER USW. VON DESMOND ZWAR UND JEFF HOOK.

TOMUS

ISBN 3-8231-0112-9*

Groß·mut·ter
[gros'mʊtɐ]
‹ist› das Herz der Familie, das unermüdlich für alle Kinder und Kindeskinder schlägt.

EIN FRÖHLICHES WÖRTERBUCH FÜR DIE OMA, LEIH-OMA UND ALLE FAMILIENMITGLIEDER, DAMIT DIESE ENDLICH WISSEN, WAS SIE AN DER OMA HABEN. VON C. J. FRANK UND K.-H. SCHOENFELD

ISBN 3-8231-0086-6*

grü·nen & blü·hen
‹lassen ist› die Kunst, seinen „Grünen Daumen" so erfolgreich einzusetzen, daß alle Bewunderer grün vor Neid werden.

EIN FRÖHLICHES WÖRTERBUCH FÜR GARTENFREUNDE UND ZIMMERGÄRTNERINNEN, SOWIE ALLE, DENEN DER LIEBE-VOLLE UMGANG MIT PFLANZEN EIN HERZENSBEDÜRFNIS IST VON C. J. FRANK UND KLAUS PUTH

ISBN 3-8231-1021-7

Hal·le·lu·ja
[hale'luːja]
‹singen ist› die Kunst, Kirche, Gott und Glauben auf einen Nenner zu bringen.

EIN FRÖHLICHES WÖRTERBUCH FÜR ALL DIE ÜBERZEUGT DAMIT OFFT DASS „ZWAR IST DENN DIE HOFFNUNG" FRÖHLICH MACHT UND DIE SEELEN UND ITEN, DIE IHR KRISTEN IN DEN KIRCHEN UND DIE IN DER ART GRETELT HABEN VON DR. FRITZ FENZL UND DIETER ZEHENTMAIR

TOMUS

ISBN 3-8231-0078-5

Ham·burg
heiter betrachtet

EIN FRÖHLICHER REISEFÜHRER FÜR GEBÜRTIGE HANSEATEN UND QUITSCHIES, FÜR SKAT UND ALLE KNALLBUNTE SKANDINAVIER, HUMMERESSER, ERSTAUNTE GESCHÄFTS-REISENDE UND STAUNENDE TOURISTEN. VON KLAUS GÖPFERT UND KARL-HEINZ SCHOENFELD

ISBN 3-8231-0542-6

Harz
heiter betrachtet

DER FRÖHLICHE REISEFÜHRER ÜBER DIE LANDSCHAFTEN DES HARZES, SEINE GEHEIMNISVOLLEN HEXEN UND WALDGEISTER. VON SIBYLLE DORNSEIFF UND PETER BUTSCHKOW

ISBN 3-8231-0548-5

Hes·sen
heiter betrachtet

DER FRÖHLICHE REISEFÜHRER FÜR BLINDE UND WESTDEUTSCHE HESSEN, KRIMINELSUCHER, EIN STENNISSE, HEIMATVERBUNDENE GROSSTÄDTER UND WELTBETRACHTENDE DORFBEWOHNER. VON DIETER MANK UND KLAUS PUTH

ISBN 3-8231-0546-9

Hand·ball
[hant'bal]
‹ist› die Kunst, einen vielarmigen Abwehrriegel im Sprungwurf zu knacken und dann doch noch ins viel zu kleine Tor zu treffen.

EIN FRÖHLICHES WÖRTERBUCH FÜR HANDBALLER UND LAIEN, DIE HOHEN GROSSE ZU SEHEN, FÜR TRIEGERLEIBER UND SOLCHE, DIE ES BLOSST IMMER WISSEN WOLLEN. VON RAINER GURGLT UND JOSEF HENNING BRUCHER

ISBN 3-8231-0149-8

Ho·tel & Gast·stät·te
[hoˈtɛl & gastˈʃtɛtə]
‹sind› Orte der Gastlichkeit, an denen jeder Kunde König ist, solange er für den Service entsprechend bezahlt.

EIN FRÖHLICHES WÖRTERBUCH FÜR ALLE, DENEN DIE GASTRONOMIE IM ALLGEMEINEN UND DIE SCHWEIZ DEN GUTEN RUF VERDANKT — UND DEREN ZUFRIEDENE GÄSTE. VON FRITZ G. OHEIM UND LAURIE SARTIN

ISBN 3-8231-0167-6*

Hun·de
[hʊndə]
‹sind› die vierbeinigen Lieblinge des Menschen, solange sie Frauchen oder Herrchen aufs Wort folgen.

EIN FRÖHLICHES WÖRTERBUCH FÜR EDELEN HUNDEBESITZER, ZÜCHTLEBEND, BUNDESLEDER, AUSGELESENE ANGE-STELLTE SOWIE ALLE, DIE IHREN VIERBEINIGEN FREUND NIEMALS AUFS WORT FOLGEN LASSEN. VON BERNHARDINGER GENERAL UND HANS ULLRICH

TOMUS

ISBN 3-8231-1000-4

In-Line-Ska·ting
[inlainkeitiŋ]
‹ist› der Trend, mit High-Speed über öffentliches Gelände zu rollen, ohne bei anderen anzuecken.

EIN FRÖHLICHES WÖRTERBUCH FÜR ALLE ROLLERBLADE-FANS, STREET-SKATER/INNEN, SUPER-ROLLER-KIDS, SOMMER-RINGEL-DREHER/INNEN) UND SONSTIGE ASPHALT-AUFREISSER. VON BERND POLOCZEK UND PETER RUGE

ISBN 3-8231-1035-7

In·ge·nieu·re
[inʒenjøːrə]
‹sind› hochgebildete Techniker und -innen, ohne die es die Welt nicht so weit gebracht hätte.

EIN FRÖHLICHES WÖRTERBUCH FÜR ALLE INGENIEURE IN FORSCHUNG UND ENTWICKLUNG, PRODUKTION UND VERTRIEB, FÜR DEN NACHWUCHS UND PRÜFER SOWIE FÜR ALLE, DIE KOMMUNIZIEREN UND ÜBER IHRE HUMOR HABEN. VON WERNER FALKHOF UND HEINZ WILDI

ISBN 3-8231-0077-7

In·ter·net
[intənet]
‹ist› die Kunst, auf dem Daten-Ozean zu surfen, ohne nass auße zu bekommen.

EIN FRÖHLICHES WÖRTERBUCH FÜR ALLE INTERNET-USER UND DIE ES WERDEN WOLLEN, FÜR SURFER UND SURFER/IN-NEN UND ALLE, DIE IM NETZ DIE KONTAKTEN. VON VON ...

TOMUS

ISBN 3-8231-1036-5

Ita·li·en
heiter betrachtet

DER FRÖHLICHE REISEFÜHRER FÜR ALLE, DIE DAS LAND, IN DEM DIE ZITRONEN BLÜHEN, MIT IHRE BELLE SUCHEN ODER NICHTS ANDERES WOLLEN ALS AMORE, VINO UND SOLE. VON DOROTHEA BRIEL UND BRIAN BAGNALL

TOMUS

ISBN 3-8231-0540-X

Jacht & Jol·le
[jaxt & 'jɔlə]
‹sind› teure Statussymbole, die ihren Eignern das Hochgefühl der großen Freiheit auf Seen und Meeren verschaffen.

EIN FRÖHLICHES WÖRTERBUCH FÜR FD- UND KATAMARAN-FREAKS, FÜR OPTIMISTEN, PIRATEN UND ZUGVÖGEL, DIE EINST SCHONERN UND KREUZERN SOWIE FÜR ALLE, DIE ENDLICH OHNE ERSTE REGATTA GEWINNEN WOLLEN. VON MICHAEL FUNCKE UND LAURIE SARTIN

ISBN 3-8231-0088-2

ja·gen
[jaːgn]
‹ist› die Kunst, Wild zu hegen, bis es alt genug ist, um unter großen Strapazen, hohen Kosten und viel Zeitaufwand wieder aufgespürt und erlegt zu werden.

EIN FRÖHLICHES WÖRTERBUCH FÜR REVIERHERREN, JÄGER, JAGDAUFSEHER, FÖRSTER, JAGDGÄSTE UND ALLE, DIE DAS WAIDWERK LIEBEN VON ALFRED STAMPFL

TOMUS

ISBN 3-8231-1023-3*

Ju·bi·lä·um
[jubi'lɛːʊm]
‹feiern ist› die Kunst, einen Jahrestag so festlich zu begehen, daß sich alle schon auf den nächsten freuen.

EIN FRÖHLICHES WÖRTERBUCH FÜR FIRMENFEIERN, BERUFS- UND EHEJUBILARE, SOWIE ALLE, DIE SICH AN EINEN BESONDEREN TAG IN IHREM LEBEN ERINNERN MÖCHTEN. v. E. VON GRÖBEN UND ERNST HÜRLIMANN

ISBN 3-8231-1013-6

Ju·ri·ste·rei
[jurista'rai]
‹ist› die überaus kostspielige Kunst, den Amtsschimmel sowohl zum Wiehern als auch zum Galoppieren zu bringen.

EIN FRÖHLICHES WÖRTERBUCH FÜR PARAGRAPHENFÜCHSER UND SCHLEIFSTEIN JUGEHEN GEN, FÜR ALLE, DIE SICH AN AMMER FÜR DAS HOCHVEREHRTE RECHTSUCHENDE PUBLIKUM. VON HANSJÖRG STAEHLE UND KLAUS PUTH

TOMUS

ISBN 3-8231-0143-9

Kaf·fee trin·ken
['kafe triŋk]
‹ist› die Kunst, sich von einem Aroma verwöhnen zu lassen, das die Lebensgeister täglich aufs neue weckt.

EIN FRÖHLICHES WÖRTERBUCH FÜR GENIESSER, DIE MEHR ALS EINE GUTE TASSE KAFFEE ZU SCHÄTZEN WISSEN. VON WOLFGANG BRENNEISEN UND HANS ULLRICH

ISBN 3-8231-1015-2

ISBN 3-8231-0098-X

ISBN 3-8231-0168-4

ISBN 3-8231-0119-6*

ISBN 3-8231-0123-4*

ISBN 3-8231-0134-X*

ISBN 3-8231-1037-3

ISBN 3-8231-1016-0

ISBN 3-8231-0650-3

ISBN 3-8231-1029-2

ISBN 3-8231-0163-3*

ISBN 3-8231-1008-X

ISBN 3-8231-0192-7

ISBN 3-8231-0076-9

ISBN 3-8231-0193-5

ISBN 3-8231-0164-1*

ISBN 3-8231-1033-0

ISBN 3-8231-0170-6*

ISBN 3-8231-0124-2*

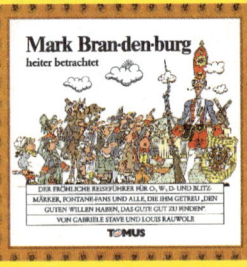

ISBN 3-8231-0539-6

ISBN 3-8231-0066-1

ISBN 3-8231-0140-4*

ISBN 3-8231-0194-3

ISBN 3-8231-0538-8

ISBN 3-8231-0091-2

ISBN 3-8231-0185-4*

Na·tur·wis·sen·schaf·ten
‹sind› die Künste, durch Eingriffe in die biologische, physikalische, chemische und kosmische Gleichgewicht unseren Planeten allmählich unbewohnbar zu machen.

EIN FRÖHLICHES WÖRTERBUCH FÜR BIOLOGEN, CHEMIKER, PHYSIKER, ASTRONOMEN, GEOLOGEN UND ALLE, DIE DEN GESETZEN DER NATUR AUF DER SPUR SIND. VON DR. PETER KLEMM UND HEINZ WILDE

ISBN 3-8231-0153-6

Neu·es Heim [nɔyəs haim]
‹ist› der Ort, von dem man lange geträumt hat und der nun zum Verweilen einlädt – ein Leben lang.

EIN FRÖHLICHES WÖRTERBUCH FÜR ARCHITEKTEN, BAUSPARER, FRISCH GEBACKENE WOHNUNGSBESITZER, BAUHERREN, MIETER UND ALLE, DIE ES WERDEN WOLLEN. VON C.J. FRANK UND PIT GROVE

ISBN 3-8231-0117-X*

Nie·der·sach·sen
heiter betrachtet

EIN FRÖHLICHER REISEFÜHRER FÜR ALLE, DIE DEN FRIESENGEIST UND DIE NIEDERSACHSEN FÜR EIN EINSTMAPIGES VOLK HALTEN

ISBN 3-8231-0566-3

Ober·bay·ern
heiter betrachtet

EIN FRÖHLICHER REISEFÜHRER UND VERFÜHRER DURCH EINE BAROCKSELIGE VORALPENREGION, DIE PUR EINHEIMISCHE UND FREMDE DEN HIMMEL AUF ERDEN BEDEUTET VON FRITZ FENZL UND ERNST HÜRLIMANN

ISBN 3-8231-0558-2

Ober·öster·reich
heiter betrachtet

EIN FRÖHLICHER REISEFÜHRER, DER IN, ABER AUCH HINTER JENE VIER VIERTEL FÜHRT, AN DENEN SEIT JEHER NICHT NUR MUSIKSCHÄDEL GEFALLEN FINDEN. VON CHRISTOPH WAGNER UND ALFRED KUNZENMANN

ISBN 3-8231-0568-X

Oma & Opa [oma & opa]
‹sind› liebenswerte Zweiteltern, die stets dann einspringen, wenn die Eltern etwas Besseres vorhaben, als selbst für ihre Kinder zu sorgen.

EIN FRÖHLICHES WÖRTERBUCH FÜR ALLE OMAS UND OPAS, DIE ES HEUTE SCHON SIND, DEREN KINDER, DIE ES MORGEN SEIN WERDEN UND DEREN STAUNENDE ENKEL, DEN GRÖSSTEN VON ÜBERMORGEN. VON C.J. FRANK UND K.H. BRECHEIS

ISBN 3-8231-0171-4*

Opel fah·ren [opl fam]
‹bedeutet› sich für eine Automarke zu entscheiden, deren solide

Bauweise und technischer Standard sprich-wörtlich sind.

EIN FRÖHLICHES WÖRTERBUCH FÜR ALLE EHEMALIGEN KADETTEN, KAPITÄNE UND ADMIRÄLE, FÜR OPELANER UND OPEL-FAHRER, DIE SICH AN DIESER TECHNIK BEGEISTERN KÖNNEN. VON WOLFGANG STEINBERG UND KLAUS PITTER

ISBN 3-8231-0065-3

PC [pe:tse:]
‹ist› ein Geschenk des Himmels, das teuflische Vergnügen bereitet, solange der Anwender die Programme beherrscht und nicht sie ihn.

EIN FRÖHLICHES WÖRTERBUCH FÜR PRIVATE UND DIENSTLICHE COMPUTERBENUTZER, HOBBY- UND PROFIPROGRAMMIERER SOWIE FÜR ALLE UNBETEILIGTEN LEIDENSGENOSSINNEN. VON LUCAS BADSKY UND GEROLD PAULUS

ISBN 3-8231-0097-1*

Pfalz
heiter betrachtet

EIN FRÖHLICHER REISEFÜHRER FÜR ALLE PFÄLZER, KURPFÄLZER, ZUGEREISTE UND TOURISTEN, DIE DIE PFALZ ERFAHREN UND ERLEBEN WOLLEN. VON ULRICH MAGIN UND KLAUS PUTH

ISBN 3-8231-0572-8

Pfer·de·sport [pfeæde'port]
‹ist› die Kunst, Vierbeiner so zu traktieren, daß der Zweibeiner auf einem Treppchen und der Vierbeiner nach wie vor nur Hafer kriegt.

EIN FRÖHLICHES WÖRTERBUCH FÜR SPRINGREITER UND DRESSURKÜNSTLER, GALOPPER UND TRABER, MUTIGE AMAZONEN UND SUPERLECHTE JOCKEYS SOWIE ALLE, DIE HOHE EINSÄTZE AUF IHREN VIERBEINIGEN FAVORITEN WAGEN. VON GERRIT WÖCLENER UND LAURIE SARTIN

ISBN 3-8231-0156-0

Po·li·zei [politsai]
‹ist› dein Freund und Helfer, der pflichtgemäß über die Einhaltung der Gesetze wacht, dabei aber besser nicht in das Schußfeld von Ganoven, Presse und Politik gerät.

EIN FRÖHLICHES WÖRTERBUCH FÜR DIE MITGLIEDER DES ÖFFENTLICHEN DIENSTES, DIE RUND UM DIE UHR FÜR ALLE DA SIND, DEREN OFT GEPLAGTE ANGEHÖRIGE, FREUNDE UND HELFER. VON RAINER WENDT UND HEINZ WILDI

ISBN 3-8231-1009-8

Post [post]
‹ist› das seit Jahrhunderten bewährte Unternehmen, dessen fleißige Frauen und Männer nichts anderes im Sinn haben, als sich tagtäglich für ihre Kunden aufzuopfern.

EIN FRÖHLICHES WÖRTERBUCH FÜR ALLE STAMM-KUNDEN, DIE SICH IM SINNE "IST KUNDE" DER HACKEN BEHILFT-ALPHA, SICH IM VERBORGENEN ABRACKERN ODER ORDLUNG AM SCHALTER. VON DIETER PREISENDÖRFER UND FRANZ WILDI

ISBN 3-8231-1038-1

rad·fah·ren [raːt·'faːrən]
‹ist› die Kunst, allein, zu zweit oder in Gruppen bergauf und bergab auf zwei Rädern das äußere Gleichgewicht zu halten, um das innere Gleichgewicht zu erfahren.

EIN FRÖHLICHES WÖRTERBUCH FÜR FRISCHLUFTFANATIKER, ALTOVERÄCHTER, PEDALRITTER UND ANDERE STRAMPLER JEDES ALTERS. VON JOSEF EBNER

ISBN 3-8231-0109-9*

rei·ten [raitŋ] ‹ist› die Kunst, sich länger als fünf Minuten auf einem wild dahingaloppierenden Pferd im Sattel zu halten, ohne sich anmerken zu lassen, wie einem wirklich zumute ist.

EIN FRÖHLICHES WÖRTERBUCH FÜR REITER, PFERDE, REITSPORTFREUNDE UND HIPPOLOGEN. VON VICTOR GOTZ UND LAURIE SARTIN

ISBN 3-8231-0175-7*

renn·ra·deln [rɛnraːdə(n]
‹ist› die Kunst, auf superschnellen Reifen superschnell durch die Gegend zu bolzen und dabei auch noch eine Super-Figur zu machen.

EIN FRÖHLICHES WÖRTERBUCH FÜR ALLE TOUR-DE-FRANCE-ASPIRANTEN, FREIZEIT-PEDALCHECKER, FAMILIENRENNER, WIND-SCHATTEN-STRAMPLER, TEMPO-BOLZER UND SPURT-SPORTLER. VON JOSEF EBNER UND HANS ULLRICH

ISBN 3-8231-0064-5

Rhein·land
heiter betrachtet

EIN FRÖHLICHER REISEFÜHRER FÜR RHEINLAND-FANS, GENUSSMENSCHEN, FRÖHLICHE UND ALLE, DIE ENDLICH MAL RICHTIG WISSEN WOLLEN, WIE DER RHEINLÄNDER TICKT. VON BERNARD-ÖSTERHOLT UND JAZZA WILDI

ISBN 3-8231-0575-2

Ru·he·stand [ruːə'ʃtant]
‹genießen ist› die Kunst, nur noch das zu tun, wozu man Lust hat (und ein bißchen mehr).

EIN FRÖHLICHES WÖRTERBUCH FÜR ALLE, DIE AUF DEM ZENIT DES LEBENS STEHEN UND SICH AUF DEN GOLDENEN HERBST FREUEN VON A. TETZLAFF UND KLAUS PUTH

ISBN 3-8231-1034-9

Ruhr·ge·biet
heiter betrachtet

EIN FRÖHLICHER REISEFÜHRER FÜR FLEISSIGE BOCHUMER, PRAKTISCHE ESSENER, HERZMILDEN DORTMUND-GENIESSER, GELSENKIRCHENER, FRÖHLICHER, KRABBENDER UND ALLE, DIE DAS NACHBARN MATTHIESEN SOWIE FÜR ALLE TAXI-BUS FAHRER. VON W. KÖRNER UND M. RÖTTER

ISBN 3-8231-0567-1

Sach·sen
heiter betrachtet

EIN FRÖHLICHER REISEFÜHRER FÜR ALLE NACHFAHREN DES STARKEN AUGUST AN ELBE, PLEISSE UND MULDE SOWIE DIE «SÄCHSISCHE GEMÜTLICHKEIT» AUFSPÜREN WOLLEN VON WOLFGANG JOERBT UND BARBARA HENNINGER

ISBN 3-8231-0560-4

Salz·burg
heiter betrachtet

EIN FRÖHLICHER REISEFÜHRER FÜR DIE FREUNDE EINER DER SCHÖNSTEN STÄDTE DER WELT, FÜR FESTIVAL-REISENDE, MOZARTKUGEL- UND FESTSPIELHAUS-FANS. VON BARTEL B. SINHUBER UND DIETER ZEHENTMAYR

ISBN 3-8231-0535-3

Sau·na & So·la·ri·um [zauna & zo'laːrium]
‹sind› Sportanlagen für Genießer, die sich allein durch friedliches Herumliegen körperlich in Form halten und verschönern wollen.

EIN FRÖHLICHES WÖRTERBUCH FÜR SCHWITZFANATIKER, AUFGUSS-SÜCHTIGE, SONNENANBETER UND ANDERE PASSIVSPORTLER, DIE IHREM KÖRPER ETWAS GUTES TUN WOLLEN, OHNE IHN ÜBERMÄSSIG ZU STRAPAZIEREN. VON NORBERT BARTNIK UND ERNST HÜRLIMANN

ISBN 3-8231-0073-4

Schles·wig-Hol·stein
heiter betrachtet

EIN FRÖHLICHER REISEFÜHRER FÜR BINNENLÄNDISCHE URLAUBER, FREIZEITANGLER, HOBBYSEGLER, MUSIKANTEN UND KULTURREISENDE, WANDERVÖGEL, KRABBENESSER UND ALLE LIEBHABER DES NORDDEUTSCHEN BILDES LANDES. VON FRAUKE UND ERWIN H. BUTER UND PETER BUTSCHKOW

ISBN 3-8231-0537-X

Schüt·zen·ver·ein [ʃytsənfəain]
‹ist› eine Gesellschaft zur Pflege des Schießsports und der Erhaltung der Schützentradition, deren Mitglieder mit ihrer Fröhlichkeit immer ins Schwarze treffen.

EIN FRÖHLICHES WÖRTERBUCH FÜR ALLE BEGEISTERTEN ANHÄNGER DES SCHIESSSPORTS, DIE ZUM BEISPIEL EHEMA-LIGE SCHÜTZENKÖNIGE SOWIE DEREN BEWUNDERER AUF FESTEN UND BEI UMZÜGEN. VON H. LAZARIDES UND H. ULLRICH

ISBN 3-8231-1032-2

Schu·le [ʃuːlə]
‹ist› der beste Ort zum Anschecken von Streichen, an die sich Eltern so lange mit Vergnügen erinnern, bis sie selbst schulpflichtige, nachhilfebedürftige Kinder haben.

EIN FRÖHLICHES WÖRTERBUCH FÜR SCHÜLER ZWISCHEN 6 UND 16 JAHREN UND GESTRESSTE LEHRER JEDEN ALTERS, FÜR ALLZU EHRGEIZIGE VÄTER UND MEIST NACHSICHTIGE MÜTTER. VON ÖNTER STEIN UND KLAUS MEINT

ISBN 3-8231-0111-0*

Schwa·ben
heiter betrachtet

EIN FRÖHLICHER REISEFÜHRER FÜR ALLE SCHWABEN, IHRE ZUGEREISTEN, IHRE GÄSTE UND ALLE SCHWÄBISCHEN LEBENSART UND SPRACHE, VON BODENSEE BIS IN DAS NECKAR-GEBIRG, VOM LECH BIS IN DEN SCHWARZWALD. VON WOLFGANG MEINERS UND PETER RUGE

ISBN 3-8231-0561-2

Fröh·li·che Wör·ter·bü·cher von A–Z

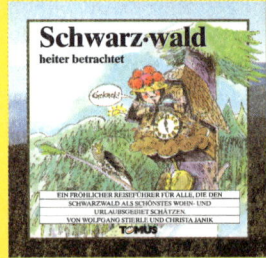

Schwarz·wald heiter betrachtet

EIN FRÖHLICHER REISEFÜHRER FÜR ALLE, DIE DEN SCHWARZWALD ALS SCHÖNSTES WOHN- UND URLAUBSGEBIET SCHÄTZEN.
VON WOLFGANG STEUBLE UND CHRISTA JANIK.

ISBN 3-8231-0559-0

Schweiz heiter betrachtet

DER FRÖHLICHE REISEFÜHRER FÜR ALLE, DIE BEI DEN KINDERN TEILS UND HELVETIAS DEN HUMOR SUCHEN.
VON JÜRG MOSER UND MARTIN SENN.
EIN *Hebelgolen* BUCH.

ISBN 3-8231-0536-1

se·geln [ˈzeːgln]
‹ist› die Kunst, naß und krank zu werden, um mit hohen Ausgaben langsam nirgendwohin zu treiben.

EIN FRÖHLICHES WÖRTERBUCH FÜR LANDRATTEN, SEEBÄREN UND BADEWANNEN-KAPITÄNE.
VON H. BEARD & R. McKIE.

ISBN 3-8231-0130-7*

Se·kre·tä·rin [zeˈkreːtɛːrɪn]
‹sein ist› die Kunst, alle Fäden im Betrieb so geschickt in der Hand zu halten, daß es der Chef gar nicht merkt.

EIN FRÖHLICHES WÖRTERBUCH FÜR UNENTBEHRLICHE MITARBEITERINNEN UND DEREN VORGESETZTE.
VON A. TETZLAFF UND HEINZ WILDI.

ISBN 3-8231-1020-9

Ski fah·ren [schifârn]
‹ist› die Kunst, auf zwei widernatürlichen Brettern in einer menschenfeindlichen Umwelt eine gute Figur zu machen.

EIN FRÖHLICHES WÖRTERBUCH FÜR SPORTFREUNDE, PISTENSAUE, LOIPENHIRSCHE UND ALLERLEI SCHNEEHASEN.
VON THOMAS REILAND.

ISBN 3-8231-0131-5*

Spaß beim Backen
147 ausgesucht raffinierte Rezepte

DAS FRÖHLICHE BACKBUCH, DAS DIE PHANTASIE ANREGT, LUST AUF DIE ARBEIT AM HERD WECKT UND MIT DEM ALLES BESTENS GELINGT – AUCH DEN ANFÄNGERN.
VON PATRICIA GRAEF UND KARL-HEINZ BRECHEIS.

ISBN 3-8231-0530-2*

sport·flie·gen [ʃport-fliːgn]
‹ist› die Kunst, sich freiwillig auf den Spruch einzulassen: „Runter kommen sie immer!"

EIN FRÖHLICHES WÖRTERBUCH FÜR BERUFS- UND HOBBY-PILOTEN, FLUGSCHÜLER UND -SEGLER, FLUGLOTSEN, MECHANIKER UND ANDERE UNMITTELBAR BETROFFENE.
VON B. PFENDTNER, P. ELGASS UND V. THOMALLA.
MIT ZEICHNUNGEN VON H. MALCH.

ISBN 3-8231-0141-2

Sport·schau·en [ʃport-ʃauən]
‹ist› die Kunst, aktiv am Sportgeschehen teilzunehmen, ohne den bequemen Sessel verlassen zu müssen.

EIN FRÖHLICHES WÖRTERBUCH FÜR ALLE SPORTINTERESSIERTEN, DIE KEINE SENDUNG IM FERNSEHEN AUSLASSEN – VON FUSSBALL ÜBER TENNIS, MOTORSPORT, REITEN BIS ZU OLYMPISCHEN SPIELEN.
VON ALEXANDER TETZLAFF UND PETER RUGE

ISBN 3-8231-0083-1

Squash [skvɔʃ]
‹ist› die Kunst, in einer betonierten Arena einen kleinen Kautschukball mit Hilfe eines Rackets so lange gegen vier Wände zu donnern, bis der Gegner endlich 9 Punkte hat.

EIN FRÖHLICHES WÖRTERBUCH FÜR ALLE, DIE IN IHRER FREIZEIT RICHTIG INS SCHWITZEN KOMMEN WOLLEN UND DAFÜR AUCH EINE MENGE BLESSUREN IN KAUF NEHMEN.
VON STEFAN MARKUS UND HELMUT MAUCH

ISBN 3-8231-0150-1*

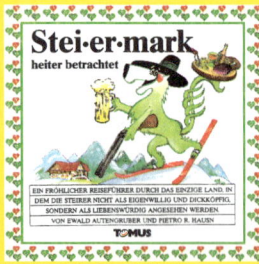

Stei·er·mark heiter betrachtet

EIN FRÖHLICHER REISEFÜHRER DURCH DAS EINZIGE LAND, IN DEM DIE STEIRER BLUT ALS EIGENWILLIG UND DICKKÖPFIG, SONDERN ALS LIEBENSWÜRDIG ANGESEHEN WERDEN.
VON EWALD AUTENGRUBER UND PIETRO R. HAUSIN

ISBN 3-8231-0569-8

Steu·ern & Fi·nan·zen [ʃtoyrn & finantsn]
‹sind› die Lebensnerven des Staates, dem jeder so wenig wie möglich geben möchte, im die Gegenzug so viel wie möglich zurückzubekommen.

EIN FRÖHLICHES WÖRTERBUCH FÜR EINFALLSREICHE STEUERBERATER, GEFÜRCHTETE FINANZBEAMTE, LISTIGE STEUERANWÄLTE, GETARNTE STEUERFAHNDER, VON TERMINDRUCK GETRIEBENE FINANZ-PRÄSIDENTEN UND ALL DIE VIELEN VOM FORMULARKRIEG ERMÜDETEN GEBEUTELTEN STEUERZAHLER. VON KLAUS GÖPFERT UND KLAUS PUTH.

ISBN 3-8231-0145-5*

stu·die·ren [ʃtuˈdiːrən]
‹ist› die Kunst, sich während der besten Jahre des Lebens auf einen Beruf vorzubereiten, der längst von anderen besetzt ist.

EIN FRÖHLICHES WÖRTERBUCH FÜR STUDIS, EX-STUDIS, ASSIS, PROFFS UND ANDERE GESCHEITERTE EXISTENZEN.
VON GÜNTER PFEIL UND BRIAN BAGNALL.

ISBN 3-8231-0146-3*

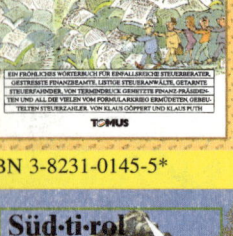

Süd·ti·rol heiter betrachtet

EIN FRÖHLICHER REISEFÜHRER FÜR TIROLER AUS NORD FRÜ UND SÜD – FÜR ALLE, DIE SICH HIER WIE ZU HAUSE FÜHLEN WOLLEN.
AUS ROBERT INSAM UND PETER RUGE

ISBN 3-8231-0576-0

sur·fen [səːfn]
‹ist› die teuerste Möglichkeit, bei jedem Wind und Wetter baden zu gehen.

EIN WÖRTERBUCH FÜR ZWEI-HAND-SEGLER, SURFBOARD-KAPITÄNE UND ANDERE WASSERRATTEN.
VON J. ERMER UND P. RUGE

ISBN 3-8231-0115-3*

Sylt heiter betrachtet

EIN FRÖHLICHER REISEFÜHRER FÜR INSULANER UND ALLE, DIE IN DER EINZIGARTIGEN MAGISCHEN WELT DER NORDSEE VERFALLEN SIND.
A. BERNINGHAUS, P. STÜFEL UND ERGO BUSCH.

ISBN 3-8231-0577-9

tan·zen [ˈtantsn]
‹ist› die Kunst eines Paares, sich auf kleinstem Raum so frei wie irgendmöglich zu bewegen, ohne sich und anderen dabei auf die Füße zu treten.

EIN FRÖHLICHES WÖRTERBUCH FÜR TANZLEHRER UND DEREN SCHÜLER, TANZBEGEISTERTE WIE BLUESBÄREN, MAMBOMÄUSE, TANGO-TIGER UND SAMBASCHLANGEN.
VON FRIEDHELM MOSER UND PETER BUTSCHKOW

ISBN 3-8231-0178-1*

tau·chen [tauxn]
‹ist› die Kunst, sich in einer Kunststoffhaut, ausgerüstet mit Bleien und enormalen Schwimmflossen, unter großem Druck so wohl zu fühlen wie ein Fisch im Wasser.

EIN FRÖHLICHES WÖRTERBUCH FÜR ALLE, DIE IN IHREM ELEMENT DAS WASSER SEE WIE BERUFSTAUCHER, SCHNORCHLER UND ANDERE FLOSSENTRÄGER.
VON O. A. FRANK UND PETER RUGE

ISBN 3-8231-0118-8*

Tee trin·ken [teː trɪŋkn]
‹ist› die Kunst der Kenner, die Geschmacksnerven so lange mit einem köstlichen Getränk zu kitzeln, bis es seine Geheimnisse preisgibt.

EIN FRÖHLICHES WÖRTERBUCH FÜR ALLE GENIESSER, DIE MEHR ALS EINE GUTE TASSE TEE ZU SCHÄTZEN WISSEN.
VON WOLFGANG BRENNINGER UND DIETER ZEHENTMAYR.

ISBN 3-8231-1010-1

Te·le·fon·kar·ten [teːləfɔn-kartn]
‹sammeln ist› die Kunst, kleine bunte Plastikkarten in der Hoffnung auf enormen Wertzuwachs aus dem Verkehr zu ziehen.

EIN FRÖHLICHES WÖRTERBUCH FÜR ALLE TELEFONKARTENSAMMLER, SOLCHE, DIE ES WERDEN WOLLEN, UND DEREN LEIDGEPRÜFTE ANGEHÖRIGE. VON BERND REUSS, MARKUS WEHRMANN UND KLAUS PUTH

ISBN 3-8231-1011-X

Ten·nis [tenɪs]
‹ist› die Kunst, auf einen harmlosen Gummiball so loszudreschen, daß entweder der Gegner oder der Ball oder beide für immer vom Platz verschwinden.

EIN FRÖHLICHES WÖRTERBUCH FÜR CRACKS, BALLAKROBATEN, TENNISFANS UND ALLE, DIE SICH BEIM JOGGING ZU EINSAM FÜHLEN.
VON MICHAEL FUNCKE

ISBN 3-8231-0103-X*

Thü·rin·gen heiter betrachtet

EIN FRÖHLICHER REISEFÜHRER FÜR ALLE THÜRINGINNEN UND ANDERE GRÜNDHERZENSGUTE DEUTSCHE ZWISCHEN JOHANN SEBASTIAN BACH, WEIMAR, BRATWURST UND ROSTBRAT-WURST. VON HANSGEORG STENGEL UND RALF ALEX FICHTNER.

ISBN 3-8231-0570-1